Tapie et l'OM

La vérité

Alain Laroche

Tapie et l'OM

La vérité

PLON

ISBN : 2-259-19539-3

A ma femme, Marie-Odile, et à mes enfants, Aurélie, François et Adrien, qui furent les innocentes victimes de cette affaire.

A Adrien né après le procès, symbole de ma foi en l'avenir.

Pour qu'ils continuent à être ce qu'ils sont, chacun à leur manière :

Merveilleux.

Aux chefs d'entreprise, aux dirigeants, aux cadres, à tous ceux qui ont des responsabilités, pour qu'ils comprennent que le risque pénal est une réalité qu'il faut prendre avec le plus grand sérieux afin de ne pas se retrouver en enfer.

Aux supporters de l'OM pour qu'ils continuent à être fiers d'être marseillais.

Aux supporters du monde entier pour qu'ils gardent leur authentique et saine passion de leur sport en dehors de toute violence nuisible et stérile.

A la famille du football, qui a la chance de travailler pour un sport merveilleux, afin qu'elle œuvre pour que ce sport continue à faire rêver des millions et des millions de supporters.

En parlant des hommes à un esprit :

« ... Les passions, c'est nous ; les idées, c'est nous ; les contradictions, c'est nous. Nous roulons d'erreur en erreur et de cette cascade d'échecs surgit notre vérité...

« ... Le bonheur des hommes vient souvent de leurs fautes, de leurs erreurs, d'Amériques inattendues qu'ils n'avaient pas cherchées...

« ... Il ne suffit pas d'entendre, il faut comprendre. Il ne suffit pas de voir, il faut choisir, construire, organiser. Il ne suffit pas de raconter, il faut donner un sens à ce que tu racontes...

« ... Il y a aussi quelque chose qui s'appelle souvenir, honneur, fidélité et qui fait que les hommes aiment à se battre et à mourir pour ce qu'ils croient et pour leurs attachements. Il n'y a rien de pire pour un homme que de ne croire à rien... »

Jean d'Ormesson, *de l'Académie française.*
Extraits du roman *La Douane de mer.*

Préambule

Dans la succession des événements de plus en plus dramatiques qui vont bientôt s'enchaîner sous nos yeux, il existe sans doute une logique où s'exercent de multiples forces, certaines consciemment, d'autres non. La réussite d'un homme, surtout lorsque ses idées rencontrent la faveur populaire, peut entraîner le déchaînement des passions et faire intervenir à son encontre un subtil réseau de manipulations à la manière d'un jeu de quilles dont on perçoit mal les mouvements. Mais où commence la manipulation ? Quels sont ses nombreux visages ? Quels sont les buts recherchés ?

Le football, ce grand spectacle qui suscite l'engouement des foules, est aussi perçu comme un instrument de pouvoir.

Oui, la passion, le jeu, le goût du pouvoir, la jalousie : on en revient toujours aux mêmes vieux démons...

Dans cette histoire, la politique sera le moteur principal. La justice et les médias ont, également, joué aussi un rôle d'une grande importance.

L'affaire des « comptes de l'OM » n'est qu'un élément partiel d'un puzzle complexe visant Bernard Tapie.

L'organisation puis l'articulation de ces éléments donnent un sens nouveau à cette histoire. Le puzzle ainsi reconstitué des « affaires Tapie » prend alors l'image d'une affaire d'Etat.

20 juin 1995 : de l'Evêché vers la honte...

Ce jour-là, le ciel de Provence est d'un bleu intense. Il n'y a pas un nuage à l'horizon, tout semble si calme. C'est beau comme une carte postale envoyée à des amis pour les faire rêver...

Déjà 20 °C à 7 heures, il va faire chaud aujourd'hui.

Je finis de m'habiller dans ma chambre à coucher et m'apprête à conduire mes enfants à l'école. Lorsque soudain on frappe avec force à la porte de mon domicile. Mon fils, François, alors âgé de dix ans, regarde par la fenêtre :

— Maman, il y a deux messieurs dehors, dit-il.

Mon épouse ouvre la porte et découvre un homme au regard froid :

— Bonjour ! Inspecteur divisionnaire Leloup.

— Oui ? répond ma femme avec inquiétude.

— Votre mari est-il là ? demande l'inspecteur.

— Oui, il finit de se préparer.

Lorsque j'entends le nom de l'inspecteur, je descends l'escalier et arrive, bien intrigué, près de la porte. Que me veut la police à une heure aussi matinale ? Il y a déjà eu deux perquisitions à mon domicile, je n'ai pas reçu de convocation de la justice, enfin je n'ai eu aucune nouvelle du juge depuis mon précédent interrogatoire qui remonte au 22 novembre 1994, sept mois plus tôt...

L'inspecteur affiche un air sombre que je ne lui connaissais pas jusqu'à maintenant. Il s'adresse à moi en ces termes :

— Nous avons un mandat d'amener pour vous conduire chez le juge. Veuillez nous suivre immédiatement !

Je suis pétrifié, je sens comme un goût de poussière dans ma bouche subitement sèche.

Sans trop réfléchir, je rétorque :

— Pourquoi ? Je n'ai pas été convoqué !

— Nous n'en savons rien, nous devons vous conduire devant le juge, dit l'inspecteur avec une voix mécanique.

— Tout de suite ! Comme ça ? Mais je dois conduire les enfants à l'école !

— Votre femme pourra s'en charger, répond-il de manière péremptoire. Allez, maintenant, veuillez nous suivre !

Bien que la situation me semble anormale, je parviens à me ressaisir, car je n'ai pas encore d'appréhension particulière. Ma fille, Aurélie, très intuitive, me regarde de ses beaux yeux bleus qui expriment une grande inquiétude. Elle me demande doucement :

— Papa, est-ce que tu vas rentrer tard ce soir ?

Je la contemple avec incertitude, je ne sais quoi lui répondre. Je tente de la rassurer :

— Oui, sans doute... Ne m'attendez pas trop...

Lui passant la main dans les cheveux, j'encourage mon fils : c'est son dernier contrôle de maths de l'année scolaire. Je les embrasse affectueusement tous les deux.

— Allez, ne vous inquiétez pas, passez une bonne journée.

J'embrasse ma femme avant de sortir de la maison et de monter à l'arrière du véhicule de police.

L'inspecteur Jean-Louis Leloup s'installe à l'avant droit. C'est son collègue, l'inspecteur Jean-Claude Feyte, qui conduit. La voiture démarre. Les deux policiers échangent des banalités. L'ambiance me paraît lourde, en tout cas je n'avais jamais connu semblable attitude de leur part lors de nos précédentes rencontres... Dehors, il fait déjà si chaud et le bleu du ciel contraste cruellement avec le sentiment de malaise qui commence à m'envahir, mais je suis loin de me douter de tout ce qui va m'arriver !

Nous traversons Marseille, je regarde les passants dans la rue, un peu sonné ; puis la voiture se gare dans la cour de l'Evêché, la base de la police judiciaire de Marseille, notamment de la brigade financière.

— On doit passer par la brigade, me dit l'inspecteur Leloup.

— Pourquoi ?

— Les formalités d'usage, répond-il d'un ton laconique.

Les deux inspecteurs me conduisent dans les locaux de la brigade financière.

Je suis de plus en plus perplexe. Pourquoi tant de mystères ? Je repense à mon précédent interrogatoire. J'ai déjà tout dit.

L'inspecteur Leloup dresse le procès-verbal de notification du mandat d'amener dans lequel il constate que je n'ai opposé aucune résistance à mon arrestation. En lisant le texte que me tend l'inspecteur pour que je le signe, je ne peux m'empêcher de sourire :

— Monsieur Leloup, vous pensiez vraiment que j'allais refuser de vous suivre ? Cette procédure est-elle nécessaire ? Jusqu'à présent, j'ai toujours répondu aux convocations du juge, j'ai toujours été coopératif, respectueux et calme.

Leloup garde la bouche close. Son silence me paraît bien étrange. Autrefois, l'homme avait été beaucoup plus loquace, maniant volontiers un humour un peu grinçant.

L'inspecteur Leloup gagne le bureau voisin. Je l'entends téléphoner au juge Pierre Philipon et lui confirmer que mon arrestation a bien été effectuée et qu'elle s'est déroulée sans incident. Après quelques minutes, il revient vers moi :

— On va vous conduire chez le juge !

Le cérémonial devient de plus en plus pesant.

Nous reprenons la voiture de service pour nous rendre au palais de justice qui se trouve à quelques kilomètres de l'Evêché. L'inspecteur m'annonce :

— On passe par le bas du palais pour la discrétion...

— Ah bon ! Les journalistes sont prévenus ? dis-je à haute voix.

Cette marque d'attention me touche... mais je comprends vite que cet itinéraire n'a rien d'une porte dérobée pour mon confort... Il s'agit en fait du sas conduisant aux geôles du palais de justice ! A cet instant, je prends conscience de la gravité de la situation. En une poignée de secondes, je bascule dans un univers totalement inconnu. Beaucoup ont montré du doigt les prisons de certains pays dictatoriaux, en décrivant l'horreur de leur monde. En juin 1995, celles du palais de justice de Marseille n'ont rien à leur envier... Elles sont tout autant horribles et inhumaines à leur façon. L'endroit est d'un sinistre sans nom, l'air irrespirable, une forte odeur nauséabonde, très particulière, frappe mes narines. Les personnes enfermées dans ces geôles crient, hurlent, tapent dans les portes...

Je pensais monter directement chez le juge. Mais non !

L'inspecteur Leloup se dirige vers le chef de poste et lui donne une copie de mon mandat d'amener. Puis, revenant vers moi, il m'annonce que je dois patienter quelques minutes. Sur ces mots, l'inspecteur Leloup et son collègue s'en vont.

Un des fonctionnaires de police de faction me demande de retirer tous les objets que je porte sur moi, y compris mon alliance : on ne sait jamais, je pourrais l'avaler ! Après avoir retiré lacets, cravate, montre, je me retrouve en cellule. Il est environ 9 h 15 du matin, la chaleur poisseuse est déjà presque insoutenable, elle me colle au visage comme un linge épais. Les odeurs mélangées de vomi, d'urine, de sueur qui se dégagent du sol et des murs me lèvent le cœur.

J'ai du mal à respirer... J'étouffe.

J'attends ainsi, parmi les bruits sourds, les claquements innombrables, les hurlements désespérés.

Il y a quelques heures à peine de cela, je me levais, admirant l'incomparable bleu azur du ciel de Provence, déjeunant avec mes enfants, puis, d'un coup, me voici plongé dans le monde infernal de ces geôles sordides.

Vers midi, Me Frédéric Monneret, un de mes avocats, me rend visite.

— Bonjour, Alain.

Mon avocat me connaît, il sait que j'apprécie les discours qui vont droit au but. Il lâche sans détour :

— Alain, le juge veut vous « coller » en prison.

— Mais pourquoi ? Y a-t-il un fait nouveau ?

— Je ne sais pas, il m'a seulement indiqué qu'il veut vous mettre en détention.

Nous échangeons quelques propos. Je suis abattu, mes idées tournent vite à la confusion, je ne comprends pas. La présence de mon avocat me rassure un peu, je vois enfin un visage humain dans cet univers atroce. Néanmoins, je sens que la faim monte en moi, je veux me battre, c'est bon signe. Je m'adresse à mon avocat :

— On peut déjeuner ?

Il sourit :

— Non ! Rien n'est prévu.

— On peut boire ?

— Non ! Rien n'est prévu. Mais je vais demander à Anne qu'elle vous apporte quelque chose.

Une heure plus tard, Me Anne Milon de Peillon, mon autre avocat, arrive. On me fait à nouveau sortir de la geôle pour me conduire vers une espèce de parloir aménagé sous le palais de justice. Anne me tend un sandwich. Je la sens très compatissante à mon égard. Son regard chaleureux m'est d'un grand secours en ces moments difficiles. Un geste d'affection simple peut parfois sauver une vie....

En me quittant, mon avocate me dit :

— On se voit tout à l'heure !

— A quelle heure est-ce que je passe chez le juge ?

— Je ne sais pas, c'est lui qui décide.

Les heures me paraissent interminables... les allées et venues dans cette prison n'en finissent pas, dans un incessant bruit de serrures, de portes, de cris. A un moment donné, on amène dans ma geôle plusieurs prévenus qui se mettent aussitôt à hurler à la mort. Apparemment sous l'emprise de stupéfiants, ils se déchaînent et frappent contre la porte. Je m'imagine devenir tout aussi bestial et rampant. Il n'y a pas d'air, pas de ventilation, je cherche à vivre, mais le désespoir pointe sa gueule au tournant.

La chaleur est de plus en plus poisseuse dans la cellule. L'air est si lourd qu'on pourrait le découper avec un couteau. Les murs et le sol sont collants. Ils semblent transpirer toute cette horreur.

Je suis impatient de rencontrer le juge. Que fait-il depuis ce matin que je suis là ? L'inspecteur Leloup m'avait dit que l'on viendrait me chercher dans quelques minutes... Cela fait maintenant presque huit heures que je suis enfermé ici. C'est insupportable, je veux parler au juge, je garde encore l'espoir de le convaincre, l'espoir que le bon sens l'emporte.

Ce n'est que vers 17 h 15 que je suis appelé. On ouvre la porte de ma cellule, et c'est comme une libération... Bras tendus devant, mains menottées, on me tire vers l'ascenseur qui conduit jusqu'à l'étage du cabinet du juge.

J'ai très soif, je n'ai pas bu depuis le matin. Je demande au policier si je peux étancher ma soif. Je n'ai rien à vous donner, dit-il. J'insiste, c'est trop pénible. Alors il me montre un robinet devant des urinoirs. Je l'ouvre. Une eau tiède coule, immonde. Qu'importe, j'ai trop soif. Je me désaltère un peu du bout des lèvres, puis les fonctionnaires de police m'emmènent de nouveau en me tirant par les menottes. En arrivant au quatrième étage, je découvre au bout du couloir ce que les policiers appellent les « petites geôles ». C'est un lieu d'attente intermédiaire entre les geôles puantes du bas et le cabinet du juge. Les petites geôles sont infiniment plus propres. Je comprends qu'il faut sauver les apparences quand on se trouve à l'étage du cabinet du juge !

Les avocats m'attendent. Nous discutons un peu. Il y a maintenant plus de dix heures que les policiers sont venus me chercher chez moi.

... dix heures à mariner, sans manger ni boire, à croupir dans la crasse et la chaleur faisandée. Pourtant, ma volonté reste intacte. L'image de mon épouse et de mes enfants quittés ce matin flotte devant mes yeux comme un repère que je ne dois pas oublier. Pour eux, je vais me battre, ne pas me laisser déstabiliser par ce mauvais traitement. Je ne suis pas un chien, j'ai toujours été respectueux à l'égard de l'institution judiciaire. Je suis loin d'imaginer ce qui m'attend.

Enfin, je comparais devant le juge. Il me pose des questions d'une banalité consternante. Je m'attendais à des révélations fracassantes ou dramatiques justifiant mon arrestation. Au lieu de cela, il avance les mêmes questions déjà posées sept mois plus tôt lors de mon premier interrogatoire. L'audition se poursuit, c'est presque irréel tellement je suis contraint de dire et redire ce qu'il sait déjà. Puis, à la fin cette courte audition, froidement, il déclare dans un style procédurier :

— Il résulte des éléments du dossier que vous n'avez pas respecté les obligations du contrôle judiciaire en ne versant pas l'intégralité de la caution fixée.

Ma surprise est grande, je marque un temps avant de lui répondre :

— Ma situation financière est très précaire : vous m'avez interdit de travailler à l'OM, je n'ai plus aucun revenu, je n'ai pas encore touché mes indemnités de licenciement. J'ai déjà versé un tiers de la somme. Mes avocats vous ont tenu informé de la situation. Vous n'avez jamais émis d'objection. Je prends l'engagement de faire le maximum pour régler au plus vite le solde de la caution, mais, aujourd'hui, je n'en ai pas les moyens. Je vous demande un délai.

Face à mes arguments, le juge est un peu déstabilisé. La loi me permet d'obtenir un délai pour préparer ma défense et réunir la somme requise : 200 000 francs. Le juge prononce malgré tout mon incarcération provisoire. Néanmoins, si je trouve l'argent, je vais être libéré car c'est le seul motif de mon incarcération. L'espoir reste permis.

Sans plus attendre, je donne instruction à mes avocats de contacter les membres de ma famille et de leur demander s'ils peuvent réunir la somme réclamée. Puis je retourne dans la geôle au sous-sol. Je suis révolté, mais je reste calme. Je pense à mon épouse, à mes enfants, à ma famille. Je suis déterminé à me défendre. Le juge Philipon vient de me porter un coup. Il connaît parfaitement ma situation. Jamais il n'avait fait la moindre mise en garde au sujet de la caution. Et, par ailleurs, j'avais strictement respecté les autres obligations de mon contrôle judiciaire. Les méthodes du juge me surprennent.

Bien sûr, beaucoup de choses m'apparaissent désormais dérisoires. Les heures s'écoulent avec lourdeur. Plus rien n'est comme auparavant : la notion de temps, ici, en prison, se vit de façon bien différente que lorsque vous êtes un homme libre au milieu de la communauté des hommes.

La porte de la geôle s'ouvre, je vais être transféré à la maison d'arrêt des Baumettes. Un fonctionnaire de police donne à un de ses collègues qui assure mon déplacement mes objets personnels consignés le matin.

Je monte dans le véhicule de police. Il démarre, sirène et gyrophare en action. Il se faufile rapidement dans la circulation dense de la fin de journée. Je regarde défiler devant moi les lieux qui me sont familiers : cours Pierre-Puget, avenue du Prado... S'engageant boulevard Michelet, le véhicule passe devant le stade Vélodrome. J'ai un gros pincement au cœur. Je suis absent, en rupture avec la réalité.

Lorsque le véhicule s'arrête devant la porte des Baumettes, je suis brusquement tiré de mes pensées. J'ai peur. La prison est un monde inconnu pour moi. Je tente de dominer ma peur. Je dois garder confiance en la justice, malgré la décision partiale et inéquitable du juge d'instruction.

J'ai décidé de rester digne et de me comporter de manière exemplaire, quelle que soit la stratégie du juge... D'emblée, je le sens, mon combat consistera à conserver toutes mes facultés morales, intellectuelles et physiques.

Je décide donc d'entrer en prison bien déterminé à me battre, la tête haute. Je me dis que cette nouvelle épreuve ne m'atteindra pas. Au contraire, elle renforce mes motivations devant la toute-puissance et l'intransigeance du juge Philipon.

J'ai bon espoir que tôt ou tard les événements se retournent.

Il est aux alentours de 21 heures. Machinalement, je me laisse guider par les fonctionnaires de la pénitentiaire dans les locaux des Baumettes. Direction le greffe. Premières formalités.

Pour la énième fois de la journée, je décline mon identité. Puis, c'est la photo anthropométrique, l'attribution du numéro d'écrou, les empreintes. Tout se passe en silence dans une lenteur presque irréelle. Une tâche après l'autre, sans hâte. Une question appelle une réponse, sans plus.

Tellement habitué à travailler vite et à traiter plusieurs choses à la fois, j'ai l'impression de pénétrer dans un monde immobile et hors du temps. Au fur et à mesure que j'avance, le poids de la prison commence à peser sur mes épaules.

Je sens les murs se refermer sur moi.

Après le greffe, direction le vestiaire où je dépose les objets non autorisés et récupère le paquetage réglementaire : deux draps, une couverture, une bassine en plastique, une assiette plate, un bol, une cuillère à soupe et à café, un tout petit couteau à bout rond. Il m'est aussi remis un nécessaire de toilette pour la journée, brosse à dents, rasoir jetable, une minuscule serviette. Ainsi équipé, j'ai droit à une nouvelle fouille. Déshabillage intégral. Toujours ce même silence, ce même sérieux méthodique des fonctionnaires de la pénitentiaire. Les premiers contacts sont courtois. Les surveillants font leur travail machinalement, sans agressivité ni précipitation, tels des robots. Je suis loin des images de violence montrées dans les films.

Trois autres « arrivants » sont là et subissent le même traitement que moi.

Nouvelle attente dans un couloir entre deux portes métalliques à barreaux. Là, nous sommes quatre, muets. Bruit de clef, la porte s'ouvre. Un autre surveillant me demande de le suivre. Notre progression est interrompue de nombreuses fois par le franchissement de lourdes portes à barreaux, austères, angoissantes. Un surveillant, enfermé dans une guérite, procède à l'ouverture des portes à distance par une commande électrique. A force d'avancer, de monter, de tourner, j'ai perdu toute notion d'orientation. Je suis tel un automate, répondant mécaniquement aux ordres du surveillant : « Avancez. Stop. A droite. A gauche. Attendez ici. On va venir vous chercher. »

Après un temps que je ne saurais évaluer, j'arrive devant la porte de la cellule. J'entre, seul, la porte se referme derrière moi avec ces bruits de serrures et de verrous si caractéristiques, et je me retrouve face au néant de la solitude.

Il y a un lit à étage, un petit lavabo avec un seul robinet.

J'étouffe.

Ma première réaction est d'aller à la fenêtre pour respirer. La chaleur est terrible ce soir-là. La fenêtre ouverte, je suis aussitôt assailli par le bruit et la fureur venant de l'extérieur. Les détenus s'interpellent d'une cellule à l'autre dans un concert de voix et de cris entremêlés. Les bruits sont déformés, amplifiés par le vide entre les bâtiments qui fait caisse de résonance. J'entends toutes sortes de musiques, curieux contraste avec le silence pesant dans le vestiaire tout à l'heure.

Je me sens poisseux, j'aimerais prendre une douche. Mais j'oubliais... je suis en prison... Alors, je me rafraîchis avec l'eau du robinet. De façon inconsciente, j'essaie de laver les affronts et les humiliations subis depuis ce matin. Je m'allonge. Bruit métallique. La porte s'ouvre.

Un surveillant gradé, comme semblent l'indiquer les barrettes sur ses épaules, se tient droit à l'entrée de la cellule. Il m'explique que je suis dans une cellule de passage destinée aux « arrivants ». Demain, il y aura un programme obligatoire. Il essaie de me réconforter. Je garderai longtemps en mémoire le visage de ce brigadier anonyme. Je me souviens de sa voix aimable et de ses yeux d'un grand bleu. Il a fait son métier avec humanité. Sans le savoir, il m'a beaucoup aidé à aborder cette première nuit en prison.

— Voulez-vous un tranquillisant ? Cela peut vous aider à vous détendre.

— Non, merci.

Nous échangeons quelques mots avant de nous saluer. La porte se referme.

A mesure que la soirée avance, les bruits de l'extérieur tombent un peu. Je suis étonné par la lumière artificielle des puissants projecteurs qui éclairent la cour. J'ai encore très soif. Je me lève, m'approche du robinet.

Je dois avoir une sale tête, je ne peux pas me voir car il n'y a pas de miroir... Je m'asperge d'eau, mais tout d'un coup je me sens mal. Le ventre noué, pris de vertige, je m'allonge et, comme cela m'arrive parfois dans les moments de stress, je pratique des techniques de relaxation mentale.

Les souvenirs se précipitent...

Juin 1988 :
première saison dans le monde du football

« Allô ? C'est Michel Hidalgo. Votre candidature pour le poste de directeur financier et administratif de l'OM a été retenue. On peut se voir rapidement ? » Je venais d'accepter une offre d'emploi pour le poste de directeur financier d'une grande entreprise de publicité à Paris. Mais celle de l'OM me tente davantage. Travailler avec Bernard Tapie est une perspective que je trouve excitante. Je l'avoue, je suis alors attiré par cet intrépide homme d'affaires alors très en vogue. Son caractère véhément, son verbe fougueux sont des aspects de sa personnalité qui me séduisent. Au moins, avec Tapie, on ne doit pas s'ennuyer ! me dis-je. C'est un personnage ! Un homme qui sort de l'ordinaire. On doit apprendre beaucoup à ses côtés. Bon, alors, saisissons l'opportunité. A cet instant, je n'ai encore aucune idée de l'incroyable aventure qui se profile devant moi.

Alors qu'un job tranquille m'attend dans une boîte de publicité parisienne, je décide de pousser mon destin du côté de la Canebière... En outre, étant un amoureux de sport, je pourrai enfin concilier ma passion et mes objectifs professionnels. C'est en répondant à une annonce du cabinet Bernard Krief Consultant parue dans le journal *Le Monde* que je suis recruté : Yves Marie, un de leurs directeurs associés, mène la procédure de sélection.

Après des études supérieures en gestion, finances, management, j'ai commencé ma carrière comme auditeur comptable et financier au sein de grands groupes. Puis, je suis recruté comme adjoint du P-DG d'un groupe privé aux activités variées, notamment la logistique, le transport, la douane. Dans le cadre de mes fonctions, je suis admis au titre de conseiller d'une commission de l'organisation patronale (CNCT[1]), pour aider les entreprises à interpréter et à appliquer le droit social dans la profession — époque de l'application de la fameuse loi Auroux. Je quitte ce groupe fin 1986 pour mener une activité de consultant avant d'être recruté à l'OM.

Je tiens à préciser que mon intégration à l'OM a été décidée au vu de mes compétences professionnelles. A ce moment-là, je n'ai aucun contact à l'OM. Parisien, connaissant peu le monde du football, bien que très sportif, je suis alors un homme tout ce qu'il y a de plus normal. J'ai un parcours plutôt réussi et je suis un heureux père de famille. Mon avenir me semble prometteur. J'espère propulser ma carrière professionnelle sous l'impulsion de Bernard Tapie.

A cette époque de mai 1988, je vais bientôt avoir trente-deux ans. Jusque-là, tout va bien... Oui, je suis loin de me douter de ce qui va suivre.

Le 6 juin 1988, 11 heures, un matin de ciel bleu, je me présente au 441, avenue du Prado à Marseille, section professionnelle de l'OM...

Je suis conduit dans le bureau de Michel Hidalgo[2] où m'attend également Elie Fellous, le directeur financier du groupe BTF[3]. Après les formalités d'usage, je signe ma lettre d'embauche pour prendre mes fonctions le 20 juillet 1988.

J'ai déjà rencontré les deux hommes lors des premiers entretiens d'embauche. Michel Hidalgo me donne cette même impression de calme et de passion, habile pour communiquer. J'ai toujours apprécié Michel, avec son style un peu angélique. C'est quelqu'un de vraiment sincère, humain, professionnel. Il parle du foot avec chaleur, authen-

1. Conseil national des commissionnaires en transport.
2. Ancien entraîneur de l'équipe de France de football à l'époque de Platini et manager général de l'OM.
3. La SNC Bernard Tapie Finance (BTF).

ticité et simplicité. Au fond, il est en réel décalage avec le foot « business » qui est alors en train de gagner toute l'Europe. Selon lui, le « fric » commence à prendre trop de place au détriment du sport. Il préfère s'intéresser à la politique de formation des jeunes.

Moins enclin à l'usage de la parole, Elie Fellous est d'un abord austère. Le front haut et large, les cheveux et la moustache grisonnants, ses grosses lunettes à double foyer lui donnent un air sévère, un peu triste. Pourtant, derrière cette apparence placide, il y a un homme d'une réelle intelligence, faisant montre d'un professionnalisme de haut niveau dans le monde de la finance. Il a occupé des fonctions importantes au sein de groupes industriels et bancaires. Il a notamment été un proche collaborateur de Jimmy Goldsmith. Il a été recommandé à Bernard Tapie par Mme Gilberte Beaux, proche de Raymond Barre. Bernard Tapie a trouvé en Elie Fellous un homme expérimenté pour gérer les finances au sein de son groupe.

Nous déjeunons ensemble et apprenons à mieux nous connaître. Notre entente reste cordiale sans jamais sortir du cadre professionnel.

Le 20 juillet 1988, Elie Fellous m'installe dans la place. Ayant assuré l'intérim jusqu'alors, il connaît bien les dossiers et se charge de me décrire les différents aspects de la fonction. Le temps presse, il n'y a pas une seconde à perdre, je suis rapidement plongé dans l'ambiance passionnante du football. Les dossiers s'avèrent finalement tous aussi prioritaires les uns que les autres. Le club étant en début de saison, le recrutement des joueurs est en pleine phase d'ébullition.

Le recrutement d'Eric Cantona sera ma première mission importante. Il me faut mettre en place dans les meilleurs délais une caution bancaire au bénéfice de l'AJ Auxerre, le club cessionnaire. Je constate avec surprise la masse des sommes en jeu s'agissant du salaire, des primes et autres avantages de nos champions. J'entre dans un monde à part, qui ne ressemble en rien à celui d'une entreprise courante.

Peu à peu, j'appréhende le système d'acquisition des joueurs dont les règles me semblent encore assez obscures. Les jours passent, je prends mes marques, j'écoute mes collaborateurs pour comprendre au mieux comment fonctionne cette structure complexe où la passion l'emporte à chaque instant.

En ce début de saison 1988-1989, les résultats ne sont pas au rendez-vous. L'OM se trouve en bas de classement. A l'issue d'une défaite contre Lille, début septembre 1988, Bernard Tapie décide de licencier l'entraîneur, Gérard Banide, un proche de Michel Hidalgo. Cette éviction constitue ma seconde mission importante. Elle marque un tournant dans la vie du club : Michel Hidalgo réagit mal à l'annonce de cette décision qu'il juge sans doute hâtive ou incohérente. Tapie lui propose de s'occuper davantage des joueurs sur le terrain, de redevenir entraîneur, en quelque sorte. Hidalgo refuse, considérant que cette mission n'entre pas dans son contrat.

Dès lors, le pacte qui lie Hidalgo à Bernard Tapie semble rompu. Je sens également naître une fracture entre Hidalgo et Jean-Pierre Bernès, le directeur sportif de l'OM, lequel a suggéré à Tapie d'intégrer Gérard Gili comme entraîneur. A compter de ce jour, la direction sportive de l'OM bascule définitivement en faveur de Jean-Pierre Bernès qui saisit l'occasion d'éliminer Hildago. Ce dernier, d'ailleurs, ne résiste guère, peu à l'aise dans ce genre de conquête interne du pouvoir.

Mes relations avec Jean-Pierre Bernès sont courtoises. Je comprends vite, toutefois, qu'il aurait préféré voir un autre homme à ma place, un homme qu'il aurait bien connu, qu'il aurait pu mieux maîtriser. Bernès envisage depuis toujours de mettre la main sur la direction générale du club. A cet égard, pour lui, je suis un empêcheur de tourner en rond...

Courant septembre, je rencontre Bernard Tapie pour la première fois. L'entretien a lieu à Paris. A l'approche du rendez-vous, je suis un peu tendu. Jusque-là, nous nous étions uniquement parlé par téléphone au sujet de dossiers techniques. A peine installé dans le fauteuil face à son bureau, il entre dans le vif du sujet sans aucun préambule :

— Ici, il n'y a qu'un seul patron, c'est moi ! C'est à moi que vous devez rendre des comptes. Pour les problèmes techniques, traitez directement avec Elie Fellous. Mais pour les décisions importantes, c'est moi qui décide. Entendu ? Vous pouvez me contacter à tout moment en cas de problème, ma porte est ouverte.

Séducteur et menaçant à la fois, il sait mettre la pression sur ses collaborateurs tout en restant ouvert. Enfin, il m'expose la stratégie qu'il compte conduire pour l'OM :

— Nous allons gagner la coupe d'Europe ! C'est l'objectif principal du club. Pour y parvenir, nous avons fixé un délai de cinq ans. Je veux que vous mettiez en place les structures administratives et de management capables de supporter notre croissance et de faire de l'OM une entreprise prospère à long terme.

Pas de doute, Bernard Tapie convoite la place de n° 1 du foot en France, puis en Europe. Comment ? En recrutant les meilleurs joueurs ! Avec quels moyens ? En allant frapper aux bonnes portes ! Il suffit de convaincre les investisseurs, les sponsors, les annonceurs publicitaires, les télévisions : nous sommes les meilleurs, un point c'est tout. Son raisonnement est tellement conquérant que l'on se sent déjà vainqueur. En matière de business, les idées de Tapie sont bien formées dans son esprit. Sa première mesure financière consistera à me demander de faire évoluer de façon sensible nos contrats de droits de retransmission audiovisuelle, de publicité, des loges VIP du stade.

A l'époque, ces contrats courent sur une période annuelle. Nous parvenons à négocier l'extension de leur durée à trois ans avec une forte augmentation des tarifs. Ainsi, si par malchance les résultats sportifs devenaient mauvais lors d'une saison, les risques financiers seraient-ils réduits. D'autre part, nous mettons en œuvre une politique de spécialisation pour que l'OM puisse se concentrer sur le cœur de son métier, le football. Tous les métiers périphériques sont confiés à des sous-traitants, la restauration, la sécurité, le merchandising. En retour, ils assurent au club des recettes régulières garanties par des cautions bancaires.

Sous l'impulsion de Tapie, je contribue à faire entrer l'OM dans une nouvelle ère, celle du professionnalisme, de cette profonde mutation que le monde du football s'apprête à vivre au seuil des années 1990.

Lors de cet entretien, Tapie me demande de mettre en place les structures de cette transformation économique, sur le plan des recettes mais aussi du contrôle des dépenses. Il me demande également d'être le plus créatif possible pour imaginer de nouvelles sources de revenus pour notre club. Je me mets au travail avec détermination. Il y a du pain sur la planche.

Au sortir de mon rendez-vous, je comprends que Bernard Tapie n'est pas homme à partager le pouvoir et qu'il sera intransigeant sur les résultats.

Rapidement, je suis frappé par sa personnalité méticuleuse. Avant chaque match, il a l'habitude de vérifier l'emplacement des enceintes pour la sonorisation du stade ; il se préoccupe des sponsors, de la télé, des invités VIP, des supporters, du nombre de spectateurs prévus, ainsi que mille autres sujets. Il veut la perfection chaque fois. De nombreux détails le tracassent des journées entières et il se montre fort agacé, pour ne pas dire plus, quand les solutions attendues tardent à venir. Tout le monde se trouve en permanence sous pression. Avant les matchs, il est impossible de lui parler, car il vit l'action tout autant que les joueurs, voire davantage. Il ne fait que rarement des compliments. Si quelque chose ne tourne pas rond, l'engueulade éclate.

Pour maintenir son pouvoir central, il n'hésite pas à entretenir la division au sein des équipes. Il se prête à ce jeu de façon naturelle, c'est sa façon normale de fonctionner. Pour lui, c'est une technique de management comme une autre.

Par ailleurs, les problèmes de sécurité dans le stade constituent pour lui un sujet constant d'inquiétude. Il me rappelle souvent de veiller à ce point, ce que je fais avec une grande attention.

Dans ce contexte marseillais, il m'a fallu créer un subtil cocktail de management, de souplesse et de diplomatie. Je me suis donc efforcé d'introduire des relations de confiance entre les diverses composantes internes et externes à l'OM, d'écouter les gens et surtout de les respecter. A telle enseigne que certains m'ont donné le surnom d'Eliot Ness, comme l'a révélé un journaliste du *Figaro*, José d'Arrigo, dans un de ses articles sur mes méthodes de management. Il n'empêche que cette politique sécuritaire s'avère rapidement payante : les incidents disparaissent, on peut venir au stade en toute sécurité et tranquillité, les accès illicites sont maîtrisés. La fréquentation du stade connaît bientôt une augmentation significative, surtout de la part des femmes et des jeunes enfants que les pères emmènent désormais volontiers avec eux.

Le succès de cette politique a pu être obtenu grâce à notre totale détermination à éliminer les éléments et les pratiques indésirables, grâce aussi à l'action énergique des cadres et employés de l'OM chargés de la sécurité et des contrôles, grâce enfin au soutien des forces de l'ordre sous l'autorité du préfet délégué à la sécurité, François Filiattre, et de son directeur de cabinet, Daniel Chaze, avec lequel j'ai établi au fil des ans une étroite collaboration.

L'OM a son propre dispositif de sécurité et de contrôle. Il comprend alors un groupe de 300 contrôleurs dirigés par Patrick Daumas, Alain Ghetchoudian, Christian Ferrer. Outre le filtrage des accès, l'enceinte du stade est contrôlée avant chaque match, notamment par un maître-chien spécialisé dans la recherche d'explosifs. Un PC de contrôle central, équipé de moyens radio et vidéo, sert de base de commandement aux responsables de la sécurité : contrôleurs de l'OM, forces de police, marins-pompiers, agents de la ville de Marseille. Je suis assez fier d'annoncer que l'OM a reçu les félicitations de l'UEFA[1] pour son système de sécurité à l'occasion des matchs de coupe d'Europe. Cette instance dirigeante ne plaisante pas avec ce genre de question. Le comité d'organisation de la coupe du Monde 1998 a

1. Union européenne de Football Association (UEFA).

d'ailleurs sollicité les cadres de sécurité de l'OM en tant que consultants.

Le travail en partenariat étroit avec les supporters aura été aussi une de nos préoccupations majeures. J'ai appris à les connaître. Ce sont de vrais passionnés. Il faut en avoir, du courage, pour avaler les kilomètres et venir soutenir une équipe dans le froid et sous la pluie de l'hiver jusque dans le nord de la France, sachant que certains d'entre eux se trouvent dans des situations financières délicates. Nous avons aidé les supporters à se structurer sous forme associative en leur donnant des avantages. En retour, ils ont des obligations à respecter. C'est un échange.

Durant toutes ces années, nous avons été fiers de leur comportement. Les rares incidents survenus lors des matchs ont été très vite contenus. Chaque association a ses propres particularités à l'époque. On peut en distinguer sept principales :

Les Ultras, les plus nombreux, sous la houlette de Marc Odoul.

Les South Winners, avec Patrice de Perretti et ses collègues, Rachid, Camille.

Les Fanatics, avec Olivier Gonzales.

Les Dodgers, dans le « virage nord », animé par Christian Cataldo et sa mère, Colette.

Les Yankees, leaders de ce même « virage nord » et dont les animateurs historiques sont les membres de la famille Tonini.

Le CCS [1] et son président, Jacques Pellissier.

L'OMA [2], dirigée par Gérard Borghèse.

L'Association des amis de l'Olympique de Marseille et son président, Albert Manoukian.

Les premières associations représentent la grande majorité des spectateurs occupant les virages nord et sud. Elles sont composées de supporters essentiellement jeunes et d'origines très diverses. Chaque groupe préserve son iden-

1. Comité central des supporters.
2. Olympique de Marseille animation.

tité propre grâce à la particularité de ses chants, de ses slogans et de ses tenues vestimentaires. Le CCS, l'OMA et l'Association des amis de l'OM regroupent surtout la population des artisans, des commerçants, des cadres.

En termes d'organisation, l'OM se partage alors en deux grands pôles : le département sportif, dirigé au début conjointement et de façon ambiguë par Michel Hidalgo et Jean-Pierre Bernès, puis, plus tard, exclusivement par ce dernier sous l'autorité directe de Bernard Tapie. Le département administratif et financier, sous ma direction, regroupe non seulement le domaine comptable mais aussi celui de la logistique, la billetterie, le sponsoring, les relations avec les instances du foot et les autorités. Elie Fellous représente le Groupe Bernard Tapie au sein du club. Il a la fonction de directeur général de l'OM, délégué à l'administration et aux finances. Il est donc mon interlocuteur direct.

Dans sa version associative, le club a été administré par trois organes de tutelle : un comité directeur, formé des diverses composantes associatives, un comité de gestion et un comité des sages composé d'élus, de représentants des collectivités territoriales et locales, notamment le maire de Marseille. D'ailleurs, chaque année, le commissaire aux comptes de la ville de Marseille procède au contrôle de notre comptabilité, sans parler de tous les autres contrôles émanant des instances sportives. Comme on peut le constater, l'organisation ici est assez sophistiquée, avec plusieurs organes de contrôle ; elle ne laisse ainsi aucune part à l'improvisation et aux dérapages. Et pourtant...

En 1991, l'activité professionnelle a été transférée au sein d'une société anonyme à objet sportif (SAOS) dans le cadre de la loi nouvellement votée. Nous avons été les premiers à créer une pareille entité juridique, la loi prévoyant le maintien de l'association sportive d'origine au titre d'actionnaire majoritaire — cette part sera ensuite réduite à un tiers du capital de la SAOS.

Pour faire fonctionner cette formidable machine, je précise que notre équipe compte seulement vingt personnes à temps plein, ce qui témoigne de la rigueur de notre politique d'entreprise. A ce sujet, j'ai mis en place un système de contrôle de gestion mensuel et un arrêté comptable trimestriel présenté sous forme de bilan et compte de résultat avec une annexe détaillée. Ce document de plus de cent pages établi par un cabinet comptable fort réputé est certifié par le commissaire aux comptes lors des situations intermédiaires, puis à la clôture définitive de l'exercice fixée au 30 juin. Dans ces conditions, je vois mal comment il aurait été possible d'alimenter des comptes occultes, type caisse noire, comme cela nous sera bientôt reproché... Nos comptes sont alors tenus en totale transparence. Les fameux honoraires destinés aux agents et les prêts consentis aux joueurs apparaissent dans la comptabilité en toute clarté ! Un profane peut lire nos comptes sans éprouver la moindre difficulté. Voilà la vérité.

La saison 1988-1989 est celle du doublé : l'OM vainqueur de la coupe de France et premier du championnat. Cette montée en puissance progressive du club constitue pour moi un moment d'une grande intensité. La rivalité avec Bordeaux et le PSG me frappe par sa virulence. Il me revient surtout le souvenir d'un événement dramatique qui eut lieu lors du match OM/PSG à Marseille pour la première place du championnat de France. Alors qu'une chape de plomb d'une rare lourdeur pèse sur les supporters, un fantastique tir de Frank Sauzé à la 91e minute trompe l'excellent Joël Bats : l'OM marque et le stade sort brutalement de son angoisse pour exploser de délire. Je n'ai encore jamais ressenti une telle sensation, comme une délivrance collective. L'OM va être champion de France. Ma joie ne sera que de courte durée, car Daumas, le chef de la sécurité, vient m'apprendre qu'une jeune femme est décédée d'une attaque cardiaque dans les tribunes au moment du but. Cette tragique nouvelle nous plonge dans une profonde tristesse.

La finale de la coupe de France au Parc des Princes reste également gravée dans ma mémoire. C'est ma première grande finale de football. Le travail de toute la saison prend forme sur la pelouse de façon spectaculaire : les choix tactiques, la stratégie de jeu, les entraînements, nous assistons à un match de premier plan. Mais, là encore, le mauvais sort nous frappe de plein fouet. André Elkoubi, secrétaire général du club, assis aux côtés de ses amis du comité de gestion, est pris d'un malaise. Il nous regarde, dit qu'il se sent mal. Il part et monte les escaliers de la tribune officielle puis, dans le hall, s'écroule d'un coup, fauché par la mort. Les efforts acharnés du SAMU ne parviennent pas à le faire revenir à la vie. André est parti dans la joie d'un but marqué par son équipe fétiche. Le ventre noué par le chagrin, je regarde son corps inerte alors que dans les tribunes le chant d'allégresse des supporters retentit comme une complainte éternelle. Je prends la main de son épouse endeuillée dont les pleurs m'arrachent le cœur. Je ne saurais vraiment décrire le caractère irréel et tragique de cette situation.

Deux grandes victoires et deux souvenirs d'une profonde tristesse.

Malgré tout la vie continue... Le retour sur la Canebière est mémorable. Tôt le dimanche matin, à Paris, Tapie m'appelle et me demande d'organiser une fête à Marseille pour l'après-midi même. C'est un challenge énorme. Malgré ma jeune expérience à l'OM, je me lance à fond dans l'opération pour vite me heurter aux objections du maire de Marseille, Robert Vigouroux, qui s'oppose à ce projet. « Ce genre d'événement s'organise bien à l'avance, sécurité oblige, vous comprenez ! » Oui, mais j'ai pourtant déjà tout organisé avec mes services et obtenu l'accord de Daniel Chaze, le directeur de cabinet du préfet, chargé de la sécurité. J'informe Tapie des objections du maire, il fait la sourde oreille, disant qu'il se fiche de ses humeurs et qu'il attend de moi des résultats immédiats. Il veut cette fête, rien ne pourra l'arrêter. Finalement rassuré par l'organisation mise en œuvre en toute hâte, le maire consent à l'ouverture du stade. La fête a bien lieu selon le désir de Tapie. Il n'y aura aucun incident, ce sera une grande joie populaire. Ce fut une réelle performance que de réunir en un temps record les conditions de sécurité nécessaires à son bon déroulement.

Pour ma première saison à l'OM, on peut dire que j'ai été servi ! Et nous sommes seulement au début de l'aventure... L'hégémonie marseillaise vient de naître, et peut-être les premières inquiétudes apparaissent-elles déjà dans le cœur de nos futurs détracteurs ?

A peine la fête achevée, pas le temps de respirer, vite il faut préparer la saison 1989-1990. Tapie m'annonce qu'il veut construire la plus grande équipe jamais connue en France. Il me lance des noms de stars. Cette saison, l'OM est européen. Alors, nous avons besoin de nouveaux joueurs. Nous ferons neuf recrues de choix : Amoros, Castaneda, Deschamps, Francescoli, Mozer, Michiche, Roche, Tigana, Waddle ! Devant mon inquiétude pour les budgets, Tapie me déclare lors d'une réunion :

— Laroche, je vais vous expliquer ! C'est parce que nous aurons de grands joueurs que nous allons trouver les recettes. Comment voulez-vous intéresser les télévisions et les sponsors avec des joueurs de seconde catégorie ?

La force de l'OM repose sur l'énorme capacité de Tapie qui sait convaincre nos partenaires que le club va devenir illustre au plus haut niveau. En offrant un spectacle éblouissant avec des joueurs de renommée internationale, il sera plus facile de vendre nos espaces publicitaires au prix fort. La saison 1989-1990 marque le début de la grande équipe de Marseille.

Le 18 juillet 1989, j'organise un concert des Pink Floyd à Marseille, façon pour l'OM de s'adresser aux jeunes. Vers le début juillet, M. Vigouroux interdit le spectacle, prétextant que la pelouse du stade risque d'être dégradée et qu'elle ne serait pas assurée. C'est un mauvais coup pour le club qui a engagé dans cette opération des frais importants. Plus de quarante mille billets ont déjà été vendus. Les arguments du maire me surprennent, car j'ai pourtant assuré la pelouse au prix d'un manteau de vison au mètre carré. Je suis d'autant plus surpris que j'ai eu plusieurs réunions avec les services concernés de la municipalité ; le quota des places attribuées aux élus de la ville a même déjà été fixé... Ici, comme pour les futurs événements, il importe de savoir lire entre les lignes. Les freins du maire montrent sa gêne devant un Bernard Tapie de plus en plus conquérant. Vigouroux n'avait pas apprécié notre passage en force pour la fête après la victoire en coupe de France. L'intervention énergique de Bernard Tapie, l'aide précieuse de René Olméta, adjoint du maire aux sports, les justificatifs des assureurs et des bureaux d'études font autorité sur le maire qui finit par donner son accord le 6 juillet 1989, douze jours seulement avant le spectacle. Ouf !

Finalement le concert remporte un vif succès, accueillant près de 60 000 personnes sans aucun incident. La pelouse du stade n'a subi aucun dommage : peu avant la rentrée des spectateurs, nos équipes l'ont protégée par la pose de planches en bois retirées sitôt les festivités terminées.

Morale de l'histoire : devant une telle réussite, Vigouroux organisera l'année suivante seul, sans l'OM, le concert des Rolling Stones au stade Vélodrome. Cette anecdote témoigne du contexte politique particulier dans lequel baigne l'OM...

Donc, ce début de saison 1989-1990 est l'occasion pour moi de préparer la montée en puissance du club. De juin 1989 à juin 1990, nous doublons les recettes ! Des sponsors de grande envergure acceptent désormais de traiter avec nous. Notre accord avec la chaîne Canal + est négocié à un montant élevé. Grâce aux contrats d'une durée de trois ans, le club bénéficie d'une importante capacité financière.

Cette nouvelle saison voit le pouvoir de Bernès dans le domaine sportif s'imposer une fois pour toutes au détriment de Michel Hidalgo qui, depuis le départ de Banide, s'est mis volontairement à l'écart, ne partageant pas du tout les vues et le style du nouveau calife, Bernès. Le clivage interne étant consommé, ce dernier devient ainsi le grand responsable du sport tandis que je poursuis mon œuvre de construction de l'OM sur le plan administratif et financier.

A la fin de la saison 1989-1990, le club marseillais devient de nouveau champion de France, après une victoire 2 à 0 contre l'équipe des Girondins de Bordeaux. Entre-temps, malheureusement, le gardien de but titulaire, Gaëtan Huard, se fracture la jambe lors du match de coupe d'Europe contre le Sredets Sofia, alors que l'OM menait 3 à 0 à quelques minutes de la fin.

Après un match à Marseille contre Benfica absolument éblouissant de la part de l'OM, mais gagné seulement 2 à 1, arrive enfin la demi-finale retour. La découverte du stade de La Luz à Lisbonne me donne un choc. Je suis impressionné par son gigantisme où les chants des 120 000 supporters semblent tout à la fois crever le ciel et nous terrasser sur la pelouse. Je n'ai jamais entendu une masse sonore aussi puissante.

Le match commence. Trop prudents, les Marseillais retiennent leur jeu naturel tourné vers l'attaque. Il nous faut simplement obtenir un résultat nul pour être qualifiés en finale. Et puis, à cinq minutes de la fin du match, un but litigieux marqué de la main par Vata, le joueur de Benfica, élimine l'OM : confusions, altercations, réclamations et la fameuse phrase de Tapie : « J'ai tout compris. Dorénavant, on ne me baisera plus ! » Cette phrase, en effet, a été mal interprétée et ouvrira plus tard la porte à toutes les interprétations dont celle de la corruption.

L'on dépose une réclamation auprès de l'UEFA pour corruption présumée d'arbitrage. Les instances de l'UEFA hésitent à poursuivre l'enquête avant d'abandonner, faute de preuves. Bernard Tapie est furieux, mais il prend conscience, à cette occasion, de l'incroyable complexité que représente un match de coupe d'Europe : c'est mille et un détails qu'il faut maîtriser en même temps...

Saison 1990-1991 : une saison très agitée

De nouveaux joueurs viennent renforcer l'effectif pour 1990-1991. Pour moi, chaque nouvelle saison est l'occasion de découvrir la stratégie des transferts, comment les agents et les dirigeants de club font monter la pression, créent des fausses pistes. On a tous les nerfs à fleur de peau, les négociations se jouent jusqu'à l'ultime seconde. Evidemment, chaque cas est particulier. A cette époque, le domaine des transferts et des agents ne relève d'aucune législation. Autrement dit, c'est la jungle...

Lors de cette saison 1990-1991, l'OM recrute encore neuf joueurs : Boli, Casanova, Casoni, Fournier, Lada, Olméta, Pardo, Pelé, Stojkovic. Cette période se traduit aussi par un changement d'entraîneur. Le 8 septembre 1990, c'est l'arrivée à Marseille de Franz Beckenbauer, qui entraîne le départ de Gili vers les Girondins de Bordeaux. Selon Tapie, cette opération allait apporter une crédibilité au club sur le plan sportif. Puis, en décembre 1990, Raymond Goethals, qui vient d'être remercié par les Girondins suite à la prise de pouvoir de Gérard Gili, débarque à l'OM... Tapie fait appel à lui car la « mayonnaise » avec Beckenbauer n'a pas pris.

Vous ne me suivez pas ? C'est pourtant simple...

Je reprends.

Alors que le début de saison 1990-1991 est déjà bien agité par la valse des entraîneurs, se produit un événement explosif. Après le départ de Gili comme entraîneur à Bordeaux, et surtout depuis notre défaite contre Cannes, Bernès ne supporte plus Beckenbauer à l'OM. A la mi-septembre, Claude Bez, président des Girondins de Bordeaux, lui propose le poste de directeur général de son club, assorti de conditions financières avantageuses ; il va pouvoir y retrouver son ami... Gili. La nouvelle provoque un coup de tonnerre dans le Landernau marseillais. N'oublions pas qu'il existe alors une terrible rivalité entre Bez et Tapie. Le départ de Bernès pour Bordeaux est perçu par notre président comme un acte de haute trahison. Bernès annonce sa décision de quitter l'OM pour les Girondins de Bordeaux, mais après de longues palabres, Bernès garde finalement son poste à Marseille, récupérant au passage une importante augmentation de salaire avec force primes. De son côté, Beckenbauer n'est plus entraîneur, mais reste à l'OM en tant que responsable du staff technique, ce qui ne plaît pas du tout à Jean-Pierre Bernès. Ce dernier prend son mal en patience, vu son nouveau salaire et sachant que l'entraîneur allemand ne restera pas longtemps.

Pour en revenir aux relations conflictuelles entre Tapie et le patron des Girondins de Bordeaux, je me souviens de l'arrivée pontificale de Bez à Marseille : l'homme, accompagné de plusieurs gardes du corps, se déplace dans une limousine américaine de six mètres de long, bleu marine, vitres teintées noires. Une deuxième limousine identique suit la première pour tromper les éventuels ennemis ! Des véhicules de police escortent le convoi depuis son hôtel jusque dans l'enceinte protégée du stade.

Ambiance de psychose et de paranoïa totale ! Tout cela, c'est du grand-guignol, car, sérieusement, personne ne prévoit d'attenter à la sécurité de Claude Bez. Et cela me ferait encore rire si cette rivalité n'avait pas ouvert le bal de la scène judiciaire.

Les coups de théâtre et les rebondissements ne sont pas encore terminés pour cette fin d'année 1990.

19 novembre 1990 : la première « attaque » judiciaire

Je suis dans mon bureau, penché sur mes dossiers, lorsque le standard me prévient que des policiers attendent à l'accueil. Bernès n'étant pas présent dans les bureaux, c'est donc moi qui reçois le commissaire Lapaque, accompagné d'une importante délégation de policiers. Le commissaire me présente une commission rogatoire du juge Zanoto dans le cadre d'une enquête instruite sur le club de Toulon, afin d'examiner les conditions de transfert de ce club vers l'OM des joueurs Pardo, Olméta et Casoni. Je convoque notre chef comptable, lui demande de se mettre à la disposition des policiers et de leur fournir tous les documents souhaités. Curieusement, les policiers me demandent de ne pas quitter les locaux...

Vers le milieu de la matinée, Jean-Pierre Bernès, prévenu par sa secrétaire, arrive sur les lieux. Il est aussitôt pris en charge par le commissaire Lapaque et l'inspecteur Mayot.

C'est l'heure du déjeuner. Je demande si on peut aller se restaurer. Le commissaire m'indique d'un ton poli mais ferme qu'il est préférable que je fasse livrer des sandwichs sur place.

Puis, en début d'après-midi, Lapaque m'interroge sur les comptes de l'OM. Je lui réponds :

— Je suis étonné par vos questions. La commission rogatoire concerne les affaires de Toulon et non celles de Marseille. A priori, je n'ai pas à vous répondre.

— C'est juste. Mais Jean-Pierre Bernès nous a permis de le faire en signant une autorisation d'enquête.

Et, joignant le geste à la parole, il me montre le document en question. Je constate en effet qu'il est couvert par la signature de Jean-Pierre Bernès. Le commissaire peut ainsi légalement entamer une enquête préliminaire sur l'OM hors de celle menée autour du club toulonnais.

Je me plie de bonne grâce aux questions du commissaire, mais nous sommes interrompus par un appel téléphonique de Bernard Tapie qui vient d'arriver au Japon. Il me dit qu'il s'est tout à l'heure entretenu avec Bernès. Je lui explique la situation. Enervé, Tapie demande à parler au commissaire Lapaque. Le ton monte au téléphone, la communication est coupée. Après quoi, le fonctionnaire de police contacte le procureur général de Marseille, M. Dropet, pour lui faire part de sa conversation avec Bernard Tapie. L'oreille collée à l'écouteur du combiné, Lapaque acquiesce aux paroles du procureur qui lui ordonne de poursuivre l'enquête.

Alors que Bernès subit l'interrogatoire de l'inspecteur Mayot, je reste avec Lapaque comme témoin des perquisitions et pour répondre à quelques questions informelles. Au cours de cet après-midi du 19 novembre 1990, les policiers procèdent à la perquisition de nos locaux, saisissent la quasi-totalité de nos documents comptables qu'ils entassent dans plusieurs grands cartons. Le soir tombe, une légère angoisse me serre le cœur. Le commissaire Lapaque me notifie que je suis en garde à vue au même titre que Bernès. Nous allons être conduits à l'Evêché... D'abord réticent, il me laisse finalement avertir mon épouse, par un bref appel téléphonique.

Nous arrivons à l'Evêché aux alentours de 21 heures, mais ce n'est qu'une heure plus tard que je suis interrogé par l'inspecteur Gérard Llaty, aidé par sa collègue Elisabeth Dewulf, ensemble ou tour à tour. Le commissaire Lapaque faisant des aller et retour entre le bureau où je me trouve et celui où est entendu Bernès, duquel on a voulu me tenir à l'écart.

Les questions fusent, s'entrecroisent, ils s'efforcent de m'intimider, de me saper le moral. Que cherche la police, au juste ? En réalité, ces questions forment déjà le terreau sur lequel va grandir l'affaire des comptes de l'OM et qui sera jugée sept ans plus tard !

Passé minuit, l'interrogatoire est interrompu, je reste serein, n'ayant rien à cacher. Je suis conduit aux geôles de l'Evêché, situées au sous-sol de ce grand bâtiment. C'est sordide. Pour « mon confort et ma sécurité », je suis enfermé dans une cellule aussi grande qu'une boîte d'allumettes. En cette fin novembre, un froid glacial entre par la fenêtre du couloir : j'ai froid, mais l'air chasse un peu l'odeur nauséabonde des lieux, mélange de sueur, de crasse et de crachat. Malgré le froid et cette lumière jaune qui reste allumée toute la nuit, je parviens à me détendre et à dormir par intermittence, sur un banc de bois scellé à même le mur. Parfois je suis extirpé de mon sommeil par des cris de fauves à l'agonie venant des cellules voisines.

A 6 heures du matin, je suis réveillé par des policiers de service plutôt sympathiques qui, visiblement, semblent un peu confus. La nouvelle de notre garde à vue, Bernès et moi, s'est répandue partout à la ronde. Un des policiers m'apporte une sorte de tartine recouverte de ce qui pourrait ressembler à du fromage fondu, drôle de festin pour un petit déjeuner, mais le geste est touchant. Cela dit, ce n'est pas la grande forme, pas lavé, pas rasé, les cheveux hirsutes, j'ai froid dans cette geôle.

Vers 9 heures, je suis conduit dans les bureaux de la brigade financière pour y être de nouveau interrogé. La pression psychologique des policiers s'exerce davantage. Eux semblent plus frais que moi... Un jeu s'installe, les policiers entrent et sortent de la pièce ; on me prévient que Bernès dit le contraire de moi. Bien sûr, il s'agit là d'une tentative d'intimidation. Soudain, un policier lance dans le couloir : « Ça y est ! J'ai la déposition de Bernès ! Il vient d'avouer ! » Au fond de moi, je me demande ce qu'il peut donc avoir de spécial à avouer... ? Je ne bouge pas, cela me laisse de marbre et je maintiens mes positions, car je suis sûr de moi. Si Bernès a dit des choses que je ne sais pas, c'est son problème.

Le procureur prolonge notre garde à vue. L'interrogatoire se poursuit jusqu'au soir. On m'annonce que le dossier est transmis au juge, qu'il faut attendre... Alors les policiers instaurent un nouveau style de relation. Les mains sur le dossier refermé, soudain plus décontractés, ils me disent :

— C'est fini. Maintenant, hors procès-verbal, vous pouvez parler, nous raconter des petits trucs !

— Que voulez-vous que je dise de plus ?

Sur cet échange verbal curieux, un policier s'avance dans le couloir en direction du bureau où est encore interrogé Bernès :

— Laroche, lui, va être libéré ! lance-t-il bien fort, pour que tout le monde entende.

Nouvelle tentative d'intimidation, cette fois-ci à l'adresse de Bernès et lorsque, finalement, je serai libéré de la garde à vue, les policiers s'arrangeront pour que Bernès me voie passer dans le couloir... Il restera encore deux heures avec la police. En quittant l'Evêché, j'ai le sentiment que les policiers sont persuadés de notre culpabilité. Coupables de quoi ? Je ne le sais pas encore.

Quelques jours plus tard, je rencontre Tapie avec Bernès, Fellous, Hidalgo et Jean-Louis Levreau, le vice-président de l'OM. Nous parlons de l'interrogatoire. Tapie me demande de préparer un dossier explicatif sur notre comptabilité et sur les faits reprochés par la police judiciaire que j'adresserai ensuite au directeur général de la police judiciaire avec copie au directeur des Affaires criminelles du ministre de la Justice, Franck Terrier. Notre dossier est suivi en haut lieu.

Le 30 janvier 1991, nous sommes de nouveau entendus à l'Evêché et fournissons des informations complémentaires, puis c'est le silence total : de janvier 1991 à ma mise en examen, courant avril 1994, je n'ai rencontré aucun policier ni juge au sujet de cette affaire ! Le SRPJ, venu perquisitionner nos locaux pour examiner les conditions de transfert des joueurs Pardo, Casoni, Olméta ne trouve aucune anomalie à ces opérations.

Bien sûr, ne voulant pas prendre le risque d'une éventuelle condamnation, nous faisons valider nos procédures par des avocats spécialisés et analyser les cas évoqués par la police.

Les faits qui nous sont reprochés (commissions occultes, salaires déguisés...) deviennent alors publics par l'intermédiaire de la presse qui relate nos interrogatoires dans ses colonnes. Elle va même jusqu'à publier un extrait du rapport du procureur général de Marseille, M. Dropet.

La Ligue nationale de football connaît nos pratiques juridiques, qui sont d'ailleurs exactement les mêmes que celles des autres clubs, elle connaît nos bilans comptables, nos contrats de prêts consentis à certains joueurs ayant fait l'objet de transfert par l'intermédiaire d'un imprésario. Elle peut très bien établir des rapprochements comptables. La DNCG[1] ne nous sanctionne pas ; mieux encore, elle organise des réunions d'information avec les responsables financiers des clubs pour examiner les divers problèmes soulevés lors des contrôles fiscaux effectués dans tous les clubs français[2].

1. Direction nationale de contrôle et de gestion (DNCG). Cette commission dépend de la Ligue nationale de football (LNF). Elle est composée d'experts-comptables et de professionnels de la comptabilité et des finances du football. Son rôle est de procéder au contrôle de la gestion des clubs. Elle dispose d'un arsenal répressif considérable qui va de la simple sanction financière à l'interdiction de recruter, parfois même la rétrogradation sportive, comme cela a été le cas pour l'OM.

2. Par ailleurs, Bernard Tapie évoque personnellement ces points avec les ministres du Budget, Michel Charasse, et de la Justice, Henri Nallet. Après examen du dossier, ceux-ci considèrent que les pratiques relevées à l'OM par la brigade financière ne constituent pas d'infraction pénale, comme toutes celles, d'ailleurs, qui ont cours dans les autres clubs. Durant cet entretien, Tapie propose des solutions concrètes pour traiter la fiscalité des salaires des joueurs. Celle-ci est très lourde pour les joueurs qui gagnent des sommes importantes sur de courtes périodes. Elle est en outre plus défavorable que celle des autres pays européens. Tous ces points seront confirmés lors d'un contrôle fiscal généralisé dans le football. Concernant l'aspect judiciaire, le ministre Henri Nallet considère que soit il laisse la situation en l'état, soit il donne ordre au procureur d'ouvrir une instruction judiciaire contre tous les clubs. C'est finalement la solution de ne poursuivre aucun club qui sera retenue par le ministre. Cela explique pourquoi il n'y a pas eu de mise en examen des dirigeants de l'OM après les gardes à vue comme l'a demandé pourtant le procureur de Marseille, M. Dropet. Cela explique également pourquoi nous avons continué en toute bonne foi notre métier avec ces mêmes pratiques. L'analyse juridique de ces ministres a conforté nos divers commissaires aux comptes et conseils à valider et à certifier ces opérations inscrites dans nos comptes.

En réalité, nous sommes, comme les autres clubs à l'époque, dans une situation de « non-dit », de tolérance... jusqu'au jour où...

Au lieu d'être dénigré, l'OM se voit encouragé dans ses victoires par les collectivités locales et territoriales, par des contrats de sponsoring importants, par la présence remarquée de personnalités politiques et du show business. Sans parler de la pression et de la ferveur du public et des supporters à Marseille et dans le monde entier.

Alors, fallait-il que je me couche sur la pelouse du stade Vélodrome, les bras en croix, et crie : STOP ! On arrête tout !

Mai 1991 :
Bari, la finale perdue...

Alors que le début de la saison 1990-1991 a commencé de façon très agitée, comme je viens de le raconter, la scène sportive de la deuxième partie de la saison va être également assez animée.

L'OM et la France entière se préparent au choc des quarts de finale de la coupe d'Europe des clubs champions, qui va opposer le grand Milan AC à un OM en devenir.

Au match aller, le club marseillais développe un superbe schéma tactique et, grâce à la classe de son trio d'attaquants magique (Pelé, Papin, Waddle), il obtient un match nul 1 à 1, ce qui est presque un exploit.

Le match retour sera celui de la consécration. Une grande équipe est née. Elle s'impose de façon magistrale devant le grand Milan AC. Tout le monde se souvient de ce but extraordinaire de Chris Waddle qui laisse Rossi, le gardien milanais, scotché sur place ! La panne électrique d'un des quatre pylônes d'éclairage du stade et les réclamations des Milanais n'y changeront rien. L'OM a battu en matchs aller et retour le grandissime Milan AC !

En admirant le jeu de nos champions, notamment lors du but de Waddle, ce joueur génial, je pense aux difficultés rencontrées pour les recruter et aux acrobaties juridiques que nous avons dû faire pour satisfaire leurs exigences, comme nous le verrons plus tard. Mais bon, c'est comme ça.

Lors de la demi-finale, les Russes du Spartak de Moscou

ne peuvent rien contre la puissance de l'OM qui gagne ses deux matchs, aller et retour. Néanmoins, ce match fut compliqué pour d'autres raisons, commerciales et juridiques, nous y reviendrons plus tard...

Quinze ans après les Verts de Saint-Etienne, l'OM accède à la finale de la coupe d'Europe des clubs champions. Son adversaire est l'Etoile rouge de Belgrade.

Pour ma part, c'est la première finale dont l'organisation est placée sous ma responsabilité.

Le dispositif mis en place est particulièrement sophistiqué. Il est vrai que la logistique présente quelques difficultés : Bari est une petite ville du sud de l'Italie, perdue au bord de la mer, dans le pays des Pouilles, au milieu de champs d'oliviers plusieurs fois centenaires. Si le stade de Bari est magnifique, ses structures d'accueil, en revanche, restent restreintes. Aussi l'aéroport est-il vite saturé. Si bien que les avions en provenance de France et de Yougoslavie sont parqués dans un champ de l'autre côté de l'aéroport et doivent, pour ce faire, traverser une autoroute ! L'espace de la gare ferroviaire n'offre pas non plus de quoi réguler en un temps si court le flot des supporters qui vont rejoindre ensuite le stade à pied.

A midi, lors de la traditionnelle réception officielle, Tapie me demande de prendre en charge l'accueil de ses invités VIP qui arrivent par avion vers 15 heures à l'aéroport de Bari. Cette délégation de marque comprend des anciens ministres dont Michel Rocard, des directeurs de banque, des hommes d'affaires, des politiques, bref le super-gratin.

Lorsque j'arrive à l'aéroport une heure avant l'atterrissage de l'avion, accompagné de mon interprète, je suis surpris par le silence qui règne dans le lieu... Parti glaner quelques informations, mon interprète revient pour m'annoncer que l'aéroport est fermé.

— Quoi ! Fermé ? Nous attendons un avion avec plus de cent personnes à bord !

— Les avions sont détournés sur Naples.

— Naples ? Mais c'est à plus de deux cents kilomètres

d'ici ! Jamais nos invités n'arriveront à l'heure pour le match. Et rien n'est prévu pour les accueillir là-bas !

Sans perdre une seconde, je contacte par téléphone Véronique, une des secrétaires de Bernard Tapie, restée à Paris :

— Oui, monsieur Laroche, l'avion est bien parti. La destination ? Bari, oui c'est bon.

— Non, c'est pas possible, l'aéroport est fermé !

Dialogue de sourds.

Le problème est grave. Mon rythme cardiaque s'accélère brusquement. Nous allons droit vers un incident diplomatique...

A l'aide de mon interprète, je prends contact par téléphone avec le préfet de la région de Bari rencontré la veille pour l'étude des modalités du plan de sécurité. Très ennuyé, mon interlocuteur va se renseigner. Je le contacte de nouveau dix minutes plus tard ; il confirme :

— Aucun plan de vol n'a été enregistré pour l'atterrissage à Bari.

— Mais c'est la catastrophe !

J'entre en contact avec l'ambassade de France. De son côté, Véronique, à Paris, informe le Quai d'Orsay. Allons-nous pouvoir modifier le plan de vol ? Quelques minutes avant l'horaire initial d'atterrissage, le préfet me dit qu'il a obtenu la modification du plan de vol. Ouf ! Je respire un grand coup et m'assieds quelques instants pour reprendre mes esprits. J'ai vécu à cette occasion un gros stress !

Nos invités débarquent ; j'explique à Noëlle Bellone, la fidèle et efficace secrétaire générale du groupe Tapie, qui accompagne la délégation des invités VIP, le désastre auquel nous venons d'échapper. Elle lève les bras au ciel, imaginant le scénario catastrophe ! Que se serait-il passé si l'avion n'avait pas pu atterrir ?

Après le match, nous retournons directement à l'aéroport pour rentrer sur Paris.

Une heure du matin.

Nous marchons dans une espèce de terrain vague au milieu de la nuit, sans lumière, à la recherche de notre avion, sinuant entre la cinquantaine d'appareils au sol. Ambiance irréelle. Le dernier avion va décoller vers 5 heures du matin. Un car manquera à l'appel au retour, celui des supporters des CCS qui s'est renversé en Italie. Heureusement, les blessés ne sont que légers. Jacques Pellissier, président du CCS, sera blessé au genou.

Malgré la perte de la finale de Bari, Tapie ne renonce en rien à son objectif. L'effectif des joueurs continue de se renforcer.

Je me souviens particulièrement du mois d'août 1991. Tout est en place pour cette nouvelle saison, les transferts terminés, le budget bouclé. Tout va bien. Je profite de cette relative accalmie pour prendre une semaine de congé avec ma famille entre le 14 et le 23 août 1991. Avant de partir, je m'assure auprès de Fellous et Bernès qu'il n'y a plus rien de prévu pour les transferts. Pas de problème, me répondent-ils en chœur ! Je prends le bateau pour la Corse, l'esprit léger. J'aime cette île magnifique où j'ai des amis. Je vais pouvoir me ressourcer après la saison éprouvante que l'on vient de vivre.

Après une nuit sur le bateau, nous arrivons à l'hôtel sous un soleil merveilleux. Génial, ces vacances vont être un régal !

A peine à la réception de l'hôtel, on me dit que j'ai des messages. Je dois rappeler d'urgence Fellous et Bernès...

Nous sommes le jeudi 15 août au matin. J'appelle Fellous chez lui. Il m'annonce que Tapie vient de décider en dernière minute d'acheter le joueur Trévor Steven pour 40 millions de francs.

Nous discutons du montage urgent de l'opération financière. Pas facile à mettre en place, tout cela en cette période estivale d'août !

Les vacances sont finies avant d'avoir commencé....

Le championnat de France se déroule bien. En revanche, l'élimination prématurée de l'OM par l'équipe du Sparta Prague au second tour de la coupe d'Europe 1991-1992 vient frapper durement le club. Les conséquences financières de cette défaite sont importantes. Notre manque à gagner s'élève à 60 millions de francs. Dans mon budget, j'avais prévu que notre club atteigne au moins les poules qualificatives en quart de finale. Ce qui était un objectif raisonnable du fait de la qualité de notre équipe. Si bien que nous sommes obligés de transférer Papin au Milan AC à la fin de la saison. Malgré cela, l'OM remporte le championnat de France pour la quatrième fois après une lutte acharnée contre Monaco.

Cette fin de saison 1991-1992 sera surtout marquée par le drame atroce de Furiani. L'effondrement d'une tribune causera quinze morts, de nombreux paralysés et des centaines de blessés. J'ai encore en mémoire ces horribles images. En écrivant ces lignes, je pense à ces scènes atroces de chair, de sang et de métal enchevêtrés. Je pense à mon ami Avy Assouli, journaliste à Radio Provence, dont la voix et le souffle trahissent à jamais la terrible blessure qui l'a meurtri. Je pense à Jean Ferrara, journaliste au *Provençal* et à *La Marseillaise*, qui restera blessé à vie au plus profond de sa chair. Je pense à Jean-Baptiste Dumas, si sympathique à mon souvenir, reporter à RTL, qui ne se remettra pas de ses traumatismes, choisissant le suicide pour échapper à ses horribles souffrances. Quel horrible drame...

Sur le plan sportif, cette saison se termine dans la morosité. Comment se réjouir de victoires de foot quand des gens innocents sont morts ou souffrent à cause de l'inconscience ou de l'incompétence des autres ?

En marge de cette saison sportive, certains événements méritent d'être rappelés, car ils vont bientôt prendre un sens particulier au cours de notre récit. Simples coïncidences ?

Mars 1992 : élections régionales. Après une campagne politique difficile, Bernard Tapie fait une belle performance. La présidence de la région est finalement gagnée par Jean-Claude Gaudin. Dès lors, les acteurs de l'échiquier politique ne peuvent plus ignorer la force politique du président de l'OM.

Début avril 1992, Tapie est nommé ministre de la Ville.

Le 15 avril 1992, le ministre de la Justice, Michel

Vauzelle, fait ouvrir une enquête contre X contre neuf clubs de football dont l'OM. Fait amusant, l'article du journal *Le Monde* évoquant cette enquête, en date du 21 avril 1992, publie sur la même page un extrait de nos annexes comptables où figurent les commissions versées aux intermédiaires. Encore une preuve que les honoraires relatifs aux transferts des joueurs sont alors clairement connus de tous.

L'article en question publie aussi un extrait du communiqué du ministère, qui déclare : « Dans un souci de clarification de ces situations qui paraissent liées principalement à l'absence d'une réglementation adaptée aux contraintes du sport professionnel, des instructions viennent d'être données par le garde des Sceaux aux parquets concernés d'ouvrir contre X des informations judiciaires afin de confier aux juges et aux juridictions le soin d'apprécier la réalité de l'étendue des infractions commises. En effet, seul le traitement judiciaire permettra de faire équitablement, et de manière complète, la part des irrégularités de gestion et celles des éventuels cas d'enrichissement personnel ou de corruption. »

A la lecture de ce communiqué, on comprend que le ministre aborde clairement le problème de l'absence de réglementation adaptée au sport professionnel. Par ailleurs, il souligne bien la distinction à faire entre « irrégularité de gestion et enrichissement personnel ». Or, il n'y a jamais eu de cas d'enrichissement personnel à l'OM.

On comprend aussi que les pratiques professionnelles qui nous seront plus tard reprochées sont déjà connues de tous et d'un usage courant dans les autres clubs.

Cette ouverture d'enquête judiciaire contre X ne semble pas inquiéter les dirigeants du foot, comme le souligne d'ailleurs Jean Fournet-Fayard, président de la FFF[1], dans ce même article du journal *Le Monde* : « Je rappelle que les événements pour lesquels ces clubs sont poursuivis se sont déroulés il y a trois ans. Il y a longtemps que la Fédération s'occupe de ce problème. C'est donc une péripétie et il n'y

1. Fédération française de football (FFF).

a rien de très nouveau. » Et Noël Le Graët, le président de la LNF[1], d'ajouter : « Je m'inscris en faux contre l'image d'un football qui s'effondre. J'affirme, moi, que tous les dirigeants de club font de gros efforts pour se mettre en règle. »

Juin 1992, Tapie démissionne de son poste de ministre de la Ville à cause de sa mise en examen suite à un différend commercial l'opposant à l'homme d'affaires RPR Georges Tranchant dans l'affaire Toshiba. Il réintègre le gouvernement en décembre de cette même année.

Ces événements montrent combien l'OM est en permanence, mais involontairement, au cœur du combat politique et judiciaire, se retrouvant mêlé de façon fortuite ou par la volonté de forces extérieures à toutes sortes d'affaires. A l'avenir, il le sera de plus en plus...

1. Ligue nationale de football.

Saison 1992-1993 : la Coupe d'Europe contre l'affaire VA/OM !

Après les événements de la saison précédente, Tapie est plus que jamais battant.

Grand chambardement dans l'effectif des joueurs. Papin, Mozer, Waddle sont transférés.

Fabien Barthez, Marcel Desailly, Alen Boksic, Rudi Völler, Martin Vasquez, Jean-Jacques Eydelie, Jean-Marc Ferreri, Thomas et Dobrovolski sont nos recrues.

Le début de saison est moyen, la nouvelle équipe a du mal à se mettre en place. L'entraîneur Jean Fernandez est de plus en plus contesté par Tapie, qui le remplace par... Raymond Goethals qui avait été écarté au profit du même Fernandez à la fin de la saison précédente.

1992-1993, c'est la saison de notre grand combat en coupe d'Europe des champions ! Après notre accès en poule qualificative pour la finale, le club marseillais affronte des équipes rudes. Les Marseillais ne sont pas encore au meilleur rendement.

Le match contre Bruges est rugueux. La victoire nous ouvre les portes de la finale...

Le lendemain, 22 avril, je file à Munich pour la réunion organisée par l'UEFA afin de préparer la finale tant attendue depuis celle de 1991. J'arrive dans la capitale bavaroise, accompagné de mes collaborateurs, Alain Ghetchoudian, Patrick Daumas, Louis Vassalucci.

De nombreux points sont abordés avec la rigueur habituelle de l'UEFA. Puis arrive le tirage au sort. Ma main heureuse donne une première victoire à l'OM désigné comme équipe « recevante ». J'y vois un signe de bon augure. Ce résultat nous laisse notamment la priorité pour le choix de la couleur du maillot. Je suis satisfait que notre équipe puisse conserver la couleur blanche du club si chère au cœur des supporters. Les responsables du Milan AC, souhaitant inaugurer un maillot de même couleur, me demandent si nous acceptons d'inverser l'ordre du tirage, ce que je refuse bien entendu. Quand j'annonce à Tapie que nous avons gagné le tirage au sort, il me lance : « C'est géant ! » Il est superstitieux et attaché à ce genre de petits détails.

L'organisation d'une finale est une opération d'une grande complexité qui se partage entre deux pôles : d'une part la préparation de l'équipe, technique, mentale, stratégie de jeu... et, d'autre part, tous les aspects de logistique, le déplacement de l'équipe, l'animation relationnelle des sponsors, des politiques et surtout la sécurité des VIP et des supporters.

Aussi dois-je passer la journée avec mes collaborateurs à la mise en place des protocoles, au contrôle des procédures de sécurité et de la billetterie, à repérer les lieux. Une fois ce travail achevé, deux jours plus tard, nous rentrons à Marseille au cours de la nuit. Il reste seulement quatre semaines pour préparer le déplacement de l'OM à Munich, de l'ensemble des joueurs, du staff technique et des 25 000 supporters qu'il faudra acheminer dans la journée avant la finale. Nous devons prévoir les moyens logistiques dans les moindres détails, la répartition des places, la tarification, répondre à toutes les contingences liées à nos sponsors, aux VIP, aux politiques, aux demandes diverses des clubs et de la Ligue de football. Les réunions quotidiennes avec ces partenaires donnent lieu parfois à des débats passionnés. Je ne peux pas satisfaire toutes les demandes. Il s'agit d'une course contre la montre ! Sans oublier qu'il faut assumer l'organisation des matchs en cours du championnat de

France, OM/Strasbourg, OM/Saint-Etienne et, bien sûr, le fameux VA/OM... dont on reparlera.

L'approche d'une finale est toujours un moment singulier. L'angoisse se mêle à l'espoir, c'est une sorte de guerre des nerfs durant laquelle la pression doit être maintenue en permanence, sans quoi le doute peut vite s'installer et provoquer des dégâts. La tension monte chez les joueurs, les supporters, les dirigeants, les journalistes, les sponsors ; les enjeux sont énormes, tous ont quelque chose à gagner ou à perdre dans cette aventure collective. Il y aura un gagnant et un perdant : c'est la dure loi du sport.

La tension monte en effet, mais pas toujours là où on l'attend, elle monte aussi du côté politique...

Depuis quelques mois, nous avons un nouveau conflit avec la mairie de Marseille. En effet, Robert Vigouroux a pris la décision de bloquer une subvention et nous demande le remboursement du reliquat d'une ancienne aide financière, sous prétexte d'une incompatibilité juridique liée à notre nouveau statut de SA à objet sportif. En total désaccord avec cette décision, l'OM a engagé un recours devant le tribunal administratif.

C'est étrange... Nos relations avec la mairie se dégradent chaque fois que l'OM gravit un palier supplémentaire vers le sommet de la gloire.

J'ai toujours entretenu des relations normales avec le secrétaire général de la ville de Marseille, Philippe Chotard. A l'occasion d'une de nos rencontres, nous convenons qu'il faut trouver une issue au blocage de la subvention. Le 12 mai 1993, nous ébauchons une approche de solution pour élaborer le plan d'un accord amiable mettant fin à notre litige. Mon emploi du temps est surchargé par la préparation de la finale. Le lendemain, 13 mai, est consacré à l'annonce publique du dispositif d'accueil et de voyage pour ceux qui partiront à Munich. En compagnie du président de la chambre de commerce, M. Henri Roux-Alezais, je tiens une conférence de presse à l'aéroport de Marseille. Tout s'enchaîne à une vitesse vertigineuse. Il ne faut rien oublier. Vais-je pouvoir reprendre mon souffle ? Non, pas encore, et sans doute pas avant longtemps... Et puis, il y a ce problème avec la mairie qui doit trouver rapidement une solution. Il n'est pas question de baisser la garde en ce moment, j'estime que l'OM est dans son droit et que cette affaire, au fond, n'est qu'un prétexte utilisé par Vigouroux pour marquer un point sur Tapie. En plus, pour l'OM, cette transaction est surtout l'occasion, outre de régler le contentieux, de signer un nouveau partenariat commercial avec la mairie que j'avais négocié en même temps. Tout comme les joueurs de l'OM, je suis moi aussi un compétiteur tenace. C'est mon passé de sportif qui me fait agir avec autant de ténacité.

Quand j'étais champion d'escrime, je me concentrais et me lançais à l'assaut avec détermination. Le sport apporte une ténacité positive, mais aussi et surtout le respect de l'adversaire. Cet esprit de noblesse et de simplicité des rapports humains qui existe dans le combat sportif, j'aime le retrouver dans la vie. Il ne s'agit pas de se battre pour tuer l'autre mais, au contraire, pour s'élever avec lui. Un jour vous gagnez, le lendemain vous perdez, malgré la meilleure des volontés, c'est une leçon d'humilité ; il faut savoir apprendre à perdre pour comprendre d'où on vient, quelles sont nos failles, et quel chemin emprunter dorénavant pour s'améliorer.

Vendredi 14 mai, je suis de nouveau en rendez-vous avec Chotard. Nous mettons au point les principaux axes de notre accord qui sera formalisé au cours du week-end. Une version presque définitive du texte est finalisée le lundi 17 mai, version que je soumets dans ses grandes lignes à Bernard Tapie en fin de soirée. En temps normal (pour autant que cela ait existé à l'OM...), ce n'est pas facile de parler à Tapie de questions juridiques et administratives. Alors, en cette période de préparation de finale européenne, c'est presque impossible. Néanmoins, il me donne son accord et nous fixons l'annonce publique de notre protocole d'accord au 19 mai, une semaine avant la finale de Munich.

Le 19 mai, vers 13 heures, je suis à l'aéroport de Marseille où l'avion privé de Bernard Tapie doit atterrir d'un instant à l'autre. Je suis accompagné de Marc Fratani, l'attaché parlementaire de Tapie qui m'a conduit jusqu'ici avec un véhicule de location, le sien étant en panne. D'un pas autoritaire et rapide, notre patron sort brusquement du hall de l'aéroport et se dirige vers notre voiture, suivi de Noëlle Bellone. Comme à son habitude, Tapie prend le volant, tandis que je m'installe à sa droite, Noëlle Bellone et Marc Fratani restant à l'arrière du véhicule.

— Ça va, le protocole ? me demande-t-il, assez énervé.

A cette époque, je commence à bien connaître Bernard Tapie et je sais qu'il n'a qu'une chose en tête : la finale de Munich ! Toutes ces formalités l'agacent... D'ailleurs, ses gestes précipités trahissent son impatience.

— Oui, voici le document.

Je lui tends le protocole avant que la voiture démarre. Mais, à peine lit-il les premières lignes du rappel des faits, qu'il relève la tête et me regarde d'un œil noir :

— C'est quoi, cette histoire ? Je ne signe pas ça !

D'un coup, il déchire le document en quatre morceaux. C'est pas possible ! Que fait-il ? Décontenancé, je lui fais part de ma surprise :

— Monsieur Tapie, nous étions pourtant d'accord ?

— Oui, sur le contenu général, mais sur la première phrase du texte, non ! Je ne signe pas ça : « Les deux parties constatent un litige entre elles... » Un litige ? poursuit-il. L'OM n'a rien à voir là-dedans. C'est bien la mairie qui a bloqué les fonds ! J'ai raison, oui ou non ?

Je n'avais pas pensé que cette simple formule de style que l'on trouve au début de tous les protocoles de transaction amiable allait le jeter dans une telle rage. Tapie a vraiment les nerfs en compote.

— Débrouillez-vous ! Je repars !

Il bondit de la voiture. Vite je le rattrape :

— Monsieur Tapie ! On va arranger ça.

A l'époque, le téléphone mobile n'était pas encore dans les usages quotidiens, je me dirige vers la cabine publique dans le hall de l'aéroport pour joindre M. Chotard. Je lui explique la situation. Il est consterné :

— Quoi ! Il y a déjà plus de deux cents journalistes qui attendent dans le salon d'honneur de la mairie ! Qu'est-ce qu'on va leur dire ?

— Trouvons une formule intermédiaire.

— Je vais m'entretenir avec le maire. On se rappelle.

Quelques minutes plus tard, je suis de nouveau en ligne avec Chotard qui me dit :

— Vigouroux fait la tête... Mais venez tout de suite à la mairie avec Bernard Tapie. D'ici là, je vais trouver une formule. Passez-moi un coup de fil avant votre arrivée.

J'en réfère à Tapie. Il grimace en tapant du pied.

— Ok ! On va régler ça !

Bougon, il monte dans la voiture et démarre. On fonce sur Marseille. A la sortie de l'autoroute, on s'arrête place de la Joliette pour téléphoner. Je me vois encore à genoux dans la cabine en train de recoller les morceaux de papier du protocole tout en dialoguant avec M. Chotard. Noëlle Bellone, avec beaucoup de tact et de patience, assure la liaison entre moi et Tapie resté dans la voiture. Curieux manège. On fait de la prose. Première version, seconde version... Au bout de quarante-cinq minutes de négociations, nous trouvons un semblant d'accord. Ouf !

Nous arrivons à la mairie avec plus d'une heure de retard et nous montons discrètement dans le bureau du maire. Dehors, une foule importante s'est massée pour voir Tapie, sans parler de la presse et des élus réunis dans le grand salon de la mairie.

Vigouroux et Tapie discutent durement. Vigouroux semble tassé derrière son bureau, son éternel cigarillo vissé à ses lèvres. Mais notre patron obtient gain de cause sur le texte de préambule. Tapie est satisfait, tout le monde respire, hors Vigouroux peut-être, qui gardera inconsciemment la trace de ce repli forcé.

Vers 16 heures, les deux hommes donnent leur communiqué dans une salle surchauffée, devant les journalistes impatients par une si mystérieuse attente et les bruits de couloir. Ils annoncent la fin du différend et la signature d'un accord de partenariat commercial entre la ville et l'OM. Aussitôt, Tapie est assailli de questions à propos de la finale ! Alors, cette fois-ci, c'est la victoire... ?

Je me suis glissé discrètement sur un des côtés du podium où se tiennent Tapie et Vigouroux qui s'adressent à la foule en se faisant des sourires... jaunes. Je suis avec Philippe Chotard, Noëlle Bellone et René Olméta. Tous trois, nous nous regardons sans dire un mot. Si les gens savaient ce que l'on vient de vivre !

La signature du protocole avec le maire et l'énorme bain de foule ont rendu à Tapie sa bonne humeur. Ce n'est que vers 17 heures qu'il s'en ira à l'aéroport, raccompagné par Marc Fratani avec la voiture de location. Bernard Tapie court déjà vers d'autres destins...

Pour ma part, je cours plus simplement vers mon bureau pour récupérer un tas de dossiers et de messages tous aussi urgents les uns que les autres. La finale approche...

Je rentre tard le soir, et c'est avec un grand bonheur que je retrouve la douceur de mon lit. Un peu de répit.

Outre cette interminable négociation usante pour les nerfs, ce mercredi 19 mai est à retenir pour une autre raison que je découvrirai presque deux ans après, en mars 1995, lors du premier procès de l'affaire de Valenciennes.

Jean-Pierre Bernès me demandera, à ce moment-là, de témoigner devant le tribunal que j'étais présent lorsque, selon lui, il aurait appelé Tapie le 19 mai après-midi, sur le téléphone de voiture de Fratani, Tapie lui ayant donné l'ordre cet après-midi-là de corrompre les trois joueurs de Valenciennes interpellés dans cette affaire... Il suffit d'examiner l'emploi du temps de Tapie cette fameuse journée pour se rendre compte que cela n'a pas pu se produire. Les avocats de la défense de Tapie, d'ailleurs, fourniront à la justice un plan de vol prouvant l'heure de départ et d'arrivée de l'avion, la revue de presse retraçant le programme de la journée, la facture de location de la voiture qui n'était pas équipée de téléphone... On en reparlera.

Le lendemain matin, 20 mai, je me rends à Munich pour vérifier les dispositifs mis en place en prévision de la finale. La pression du match a déjà pris possession de mon corps et de mon esprit. A ce moment-là, je suis stressé et à la fois formidablement heureux que l'OM se retrouve enfin en passe d'entrer dans la légende... J'espère que le club remportera la finale et surtout que la sécurité des supporters sera assurée !

Je ne peux m'empêcher de penser au manque de réussite dans le football français lors des phases finales : des buts manqués, des poteaux carrés, des renversements de situation à la dernière minute, comme lors du fameux France/Allemagne avec le vilain Schumacher, le penalty raté contre l'Etoile rouge en 1991. Mais on dit que l'histoire ne se répète pas. Allons, attendons... Oui, cette fois-ci le club marseillais est peut-être sur la bonne voie. Et puis, il existe une autre peur, plus diffuse celle-là, mais tout aussi forte, la peur d'un accident dans les tribunes, d'une terrible catastrophe comme le destin sait parfois nous en réserver. Une finale, c'est tout un peuple de passionnés qui se déplace. Alors, prudence. Avons-nous pensé au pire ? Avons-nous prévu tous les dispositifs de sécurité ?

Je pense à la sécurité du public, mais aussi à celle des dirigeants : pouvais-je imaginer à ce moment-là que le mauvais sort allait frapper là où je m'y attendais le moins ?

Je rentre de Munich à Marseille le samedi 22 mai. La fatigue commence à se faire sentir. Ces trois jours dans la capitale bavaroise ont été épuisants. Quand j'arrive chez moi, je suis heureux de retrouver ma femme. Je l'embrasse, la serre dans mes bras, puis je la regarde dans les yeux, car je crois y deviner une inquiétude...

— Tu es au courant ? me dit-elle.

— Quoi ?

— Il y a un joueur de Valenciennes qui accuse l'OM d'avoir acheté le match.

— C'est quoi, ce cinéma, encore ? Non, je ne suis pas au courant. Mais, franchement, ça ne tient pas debout !

— Pourtant, on en parle, continue ma femme.

— Cela n'a aucun sens ! Que vont-ils encore inventer ? Le match contre Valenciennes ne représente rien pour l'OM en termes d'enjeu !

Cette nouvelle me révolte, c'est un peu gros à quatre jours de la finale...

Ma froide colère passée, j'oublie vite cette information tant, au fond de moi, je la trouve absurde. Une bonne nuit de sommeil me fera du bien.

Le lundi 24 mai, je prends de nouveau l'avion pour Munich. L'ambiance est déjà totalement électrique. Le checking est OK, tout semble en place.

Dès ce lundi, les premiers groupes de supporters arrivent. Dans les rues, il y a quelques attroupements qui chantent, la foule gronde peu à peu à l'approche du coup d'envoi. Je croise les doigts, redoutant un incident.

Le jour de la finale, lors du déjeuner officiel, je suis installé à la table de Noël Le Graët où se trouvent également Jean-Pierre Bernès, Jean-Louis Levreau et quelques autres personnalités du football. Les convives se détendent un peu. Au début du repas, Bernès me demande :

— Tu es au courant pour Valenciennes ?

— Oui, mais c'est une intox, n'est-ce pas ?

— Essaie de savoir ce qu'en pense Le Graët.

Ayant eu jusqu'à présent de bonnes relations avec le président de la Ligue, je lui pose la question avec naturel et décontraction. D'une voix sèche et tranchante, il me répond :

— Monsieur Laroche, je n'ai pas envie de passer une mauvaise journée, on parlera de cette affaire plus tard...

Bien que surpris par cette agressivité, la perspective de la finale m'absorbe vite. Je fais part à Bernès de cette réponse qui le laisse perplexe, sans plus.

Mille tâches m'occupent au long de l'après-midi. Je cours en tous sens, réponds au téléphone, me soucie du retard d'un sponsor, de l'arrivée des « super VIP », des places mal attribuées....

Un dernier point de contrôle sur l'ensemble du dispositif

est effectué avec les responsables de l'UEFA une heure avant le début du match. Tout va bien.

A l'heure du match, je m'assois dans la tribune officielle avec d'autres dirigeants. Je suis épuisé, vidé. Quelle journée de dingue ! J'aperçois dans la tribune Bernard Tapie, assis à côté de Jean Fournet-Fayard et de Noël Le Graët.

Tapie est plus tendu que la corde d'un arc de compétition.

Le match débute... et c'est le commencement d'un nouveau stress, une sensation poignante, un sentiment de vertige[1]...

J'ai le ventre qui se tord à mesure que les minutes s'écoulent, puis enfin la délivrance, la victoire... Un bonheur exquis m'envahit après toutes ces années de labeur, de patience, de renoncements et d'espoir. Une satisfaction intérieure me soulève littéralement au-dessus du sol. *We are the champions*... Le lendemain, les titres des journaux qui encensent l'OM : « Génial ! Ils l'ont fait ! », « Grandiose ! », « Merci l'OM ».

Je retourne à Marseille le lendemain matin, pour y préparer la fête de notre triomphe. Nous n'avons pas dormi. Comment décrire la joie des supporters ? Voir le bonheur sur leurs visages. Voir leur rêve se réaliser. Voir les soucis d'une vie laborieuse s'effacer derrière les rires. Une vraie

1. Vers la 30e minute du match, Basile Boli est taclé au milieu du terrain. Le choc ne paraît pas violent. Pourtant, quelques minutes plus tard, le joueur fait signe à l'entraîneur Raymond Goethals qu'il a mal au genou et qu'il veut être remplacé. Tapie, qui est en liaison par radio avec Bernès et Goethals, s'oppose catégoriquement à cette décision. Il connaît bien Boli, il se doute que ce mal au genou cache autre chose... Encouragé par Tapie, Boli reste sur le terrain et, oubliant sa douleur physique comme par miracle, marque de la tête le but de la victoire quelques minutes plus tard. Boli continue le match jusqu'au bout sans problème. Trois jours après, il marque un but exceptionnel contre le PSG. Que s'est-il passé ? Le début du match contre le Milan AC étant très dur, l'OM se trouve alors copieusement dominé. Boli, qui a été moralement meurtri par la défaite en finale à Bari, a peur de revivre ce drame. Quand il reçoit le coup, il ne souffre pas au genou mais... à la tête ! Non, il ne veut pas voir une nouvelle défaite ! Mais la fin sera heureuse et « les larmes de Bari oubliées ! » comme le dira Boli.

communion prend vie subitement : les populations se mélangent dans un même élan de joie authentique, les sans-papiers, les exclus, les jeunes, les femmes, les chefs d'entreprise, les enfants, les vieux, de toutes races, religions et conditions... Tous vibrant à un seul mot : OM !

Trois jours plus tard, le samedi 29 mai, l'OM bat le PSG en championnat dans un match de toute beauté où Basile Boli marque un but historique. La cerise sur le gâteau.

Quand je repense à ces moments de grande intensité émotionnelle, la douleur de mes blessures s'estompe un peu. J'implore encore la justice pour qu'elle replace les événements dans leur contexte. Le bonheur apporté à des millions de gens a-t-il un prix ? Les emplois créés dans une région en difficulté économique sont-ils de vaines actions ? Et qui a donné cette confiance à l'équipe de France bientôt championne du monde et d'Europe ? C'est l'OM et Bernard Tapie, comme le dira plus tard Didier Deschamps : « Cette victoire de l'OM contre le Milan AC aura été le déclic d'où tout est parti. » Face à ces victoires du courage et du panache, il n'y aurait eu que des matchs truqués ? Les joueurs du Milan AC se seraient-ils compromis pour ajouter quelques milliers de francs à leur salaire exorbitant ? Non, il faut revenir à la réalité : l'OM a gagné ses matchs avec le talent de ses joueurs, de ses dirigeants, de ses responsables sportifs, Tapie, Bernès, Goethals, Ivic et les autres, sans oublier le staff médical, Coste, Duby, les kinés ostéopathes, Bailly, Sappia, Soultanian et mes équipes administratives et de logistiques sans lesquelles la belle mécanique OM ne peut pas fonctionner.

Justement, restons dans la marche de l'exploit...

Nous voulons que l'OM gagne des matchs de football, mais aussi qu'il remporte la compétition économique, qu'il participe à l'essor de sa région. A cette époque, dans la droite ligne des objectifs qui m'ont été fixés par Tapie, je travaille à la création de la structure OM Premier, société de participation financière dans laquelle vont entrer au titre d'actionnaires des entreprises de niveau international qui vont apporter leur crédibilité ainsi que trois cents entreprises locales assurant l'enracinement de l'OM dans le tissu économique régional.

Ces entreprises de la région pourront ainsi profiter de l'image de marque de l'OM, de son réseau relationnel et des nombreuses autres opportunités de partenariat.

Il s'agit d'une opération stratégique ambitieuse dans sa volonté de favoriser le développement de l'économie locale en l'associant aux performances et à la renommée de l'OM. Cette opération est activement suivie par la Société marseillaise de crédit et elle a reçu le soutien actif des trois responsables des collectivités locales : Robert Vigouroux, maire de Marseille, Jean-Claude Gaudin, président du conseil régional, Lucien Weygand, président du conseil général, et aussi celui de Henri Roux-Alezais, président de la chambre de commerce et d'industrie de Marseille.

Je travaille à ce projet qui devra être lancé le 24 juin 1993.

Pendant ce temps, nous devons satisfaire nos obligations de représentation publique. Nous sommes reçus par le président de la République à l'Elysée au cours d'une réception fort chaleureuse.

Le même jour, l'OM sera également reçu par la direction générale du journal *L'Equipe*. Je me souviens encore du discours de Jacques Goddet, plein d'éloges à l'égard de l'OM. Champagne et petits fours au menu ! Nous sommes alors bien loin de la misérable affaire VA/OM !

A Marseille, les réceptions se succèdent : conseil général, conseil régional, un tour d'honneur géant est organisé autour du Vieux-Port, qui va se terminer à la mairie.

Chaque fois, les mêmes scènes de joie, de liesse, d'allégresse dans cette population bigarrée.

Mais derrière ces images de pur bonheur, derrière cette apparente union sacrée autour de l'OM, un cancer mortel est en train de l'attaquer...

24 juin 1993 : et soudain tout bascule...

Sans répit au milieu de cette effervescence de réceptions et de fêtes, je travaille avec mes collaborateurs pour préparer la réunion de présentation de notre projet prévue le 24 juin avec tous les chefs d'entreprise, futurs actionnaires de la société OM Premier.

En ce jeudi 24 juin, il fait très beau et chaud. Je suis assez détendu et de bonne humeur. Aujourd'hui, c'est ma journée ! C'est la consécration d'un travail acharné depuis 1988. Ce soir, j'aurai atteint mes objectifs : les renseignements alors recueillis m'indiquent que l'opération OM Premier sera un grand succès... Tous les feux sont au vert ou vont le devenir.

Jeudi 24 juin, 17 h 30.

La réunion des futurs actionnaires remporte un vif succès. Plus de 550 chefs d'entreprise s'amassent dans la salle. Avant même d'avoir ouvert la séance, les demandes de souscription sont largement supérieures à ce que nous pouvons légalement accepter. Emerveillé, je contemple la foule. Un sentiment de joie fébrile m'envahit. J'ai tellement travaillé pour monter cette société d'investisseurs dont je vais bientôt prendre la direction générale. J'ai l'impression que je touche enfin au but. Imaginez... Le club marseillais vient d'entrer dans la légende : cinq fois de suite champion de France, victoire en coupe d'Europe, plus une finale en 1991 contre l'Etoile rouge de Belgrade, une victoire et une finale en coupe de France. Tout cela en cinq ans. Et le club se prépare pour la coupe intercontinentale et la super coupe d'Europe que nous avons de grandes chances de remporter. Nos perspectives financières sont importantes et couvertes par des contrats. L'organisation juridique et financière du club a été consolidée. Oui, l'avenir du club se trouve assuré.

Nous pouvons tous être fiers. Chacun à son niveau, chacun dans sa fonction, nous avons atteint l'objectif à cinq ans fixé par Tapie lors de notre premier entretien : gagner la coupe d'Europe, transformer l'OM en une entreprise prospère avec un fort enracinement dans le tissu social et économique de la région ! Voilà, c'est fait...

A la tribune, assis à mes côtés, Tapie mène les débats, face aux chefs d'entreprise conquis par la belle aventure de notre club. La réunion touche à sa fin, Tapie s'apprête à me passer la parole pour que je puisse conclure sur les modalités concrètes du projet. Tout va bien, je suis à mon zénith.

Soudain....

Un journaliste, André de Rocca, s'approche et me glisse discrètement un bout de papier.

— C'est urgent, lis... me dit-il à voix basse.

Je déplie le billet : « Christophe Robert est mis en examen. » Tiens ? J'ai du mal à comprendre le sens du message.

Perplexe, je le passe à Tapie qui le lit aussitôt. Il marque un temps d'arrêt, sans plus, et conclut face à l'auditoire :

— Je vous ai tout dit. C'est parfait. Alain Laroche va terminer la réunion et vous expliquer les modalités pratiques. OM Premier, c'est lui le patron...

Tapie remercie ses auditeurs et se lève.

Concentré sur ce que j'ai à dire, je ne parviens pas à discerner à quoi ou à qui renvoie le nom de Christophe Robert, ne connaissant pas cette personne. Et tout à coup, j'ai un flash : Valenciennes !

Au fur et mesure de mon discours, un brouhaha s'élève dans la salle.

Devant cette agitation, j'écourte mon intervention, l'essentiel étant dit. De toute façon, j'aurai bien le temps avec mes collaborateurs d'expliquer les modalités à chaque futur actionnaire pendant le cocktail qui doit suivre.

Me mêlant aux personnes présentes, j'apprends qu'une dépêche AFP circule dans la salle : la mise en examen de Christophe Robert [1]. Ce dernier aurait déclaré à la police avoir été corrompu par Bernès. Par ailleurs, on aurait retrouvé 250 000 francs dans un jardin... Je suis un peu furieux que cette nouvelle ait gâché la fin de notre réunion.

En face, à l'autre bout de la salle, je distingue Tapie, près de la porte de sortie, entouré de journalistes de presse ; il fait signe à Bernès et Levreau de le suivre. Tapie salue au passage quelques chefs d'entreprise.

Tapie parti, je me retrouve seul au milieu de la foule, dans cette ambiance étrange. On vient m'assaillir de questions. Alors, c'est grave ? Un match truqué ? Vous pensez vraiment ? Quelles pourraient être les conséquences pour l'OM ? Ça peut remettre en cause nos accords ? Ne connaissant rien de ce dossier, outre les rumeurs et les ragots, je suis dans l'incapacité de répondre à la curiosité de mes invités. L'affaire de Valenciennes circule désormais de bouche en bouche, semant la confusion, rompant les échanges. J'invite alors les chefs d'entreprise à ouvrir les festivités autour du cocktail dînatoire. Je tente de faire bonne figure. Au fond de moi, je suis furibond. C'est quoi, cette histoire ? Ça sent mauvais...

Tout au long de la soirée, je vois que l'on observe mes réactions... Que se passe-t-il ?

1. Cette affaire commence à la suite des réserves émises à la mi-temps par les dirigeants du club de Valenciennes sur la feuille du match remporté par l'OM (0-1). Le 23 mai, avant le match, le joueur Jacques Glassmann prétend que Bernès l'a abordé pour qu'il « lève le pied ». Le 4 juin 1993, Bernès dépose une plainte contre X, affirmant que c'est Valenciennes qui a proposé « un arrangement ». Le 8 juin, la Ligue nationale de football porte plainte contre X auprès du procureur de la République de Valenciennes, Eric de Montgolfier, qui désigne le juge d'instruction Beffy. Interpellé à Périgueux le 23 juin, Christophe Robert avoue avoir touché de l'argent de l'OM. Les enquêteurs trouvent, enterrée dans le jardin de sa tante, une enveloppe contenant 250 000 francs en espèces.

Vers 22 heures, Marc Fratani vient à ma rencontre :

— Bernard veut te voir. Tu peux venir maintenant ?

— Bien sûr.

Je salue les convives, je grimpe dans ma voiture et je suis Marc qui se trouve devant moi, roulant vers l'hôtel Palm Beach à Marseille, sur la corniche.

Nous arrivons à destination...

Tout semble calme dans le grand hall du Palm Beach.

Accompagné de Marc, je grimpe à pied au premier étage. Quelques mètres de couloir et j'arrive devant une porte entrouverte, Marc s'efface pour me laisser entrer. En pénétrant dans la chambre, mon regard se dirige immédiatement vers la gauche de la pièce : étendu sur le lit, la tête sur le côté, livide, le front perlant de sueur, les bras en croix, Jean-Pierre Bernès semble inerte, presque sans vie. Hagard, le regard vide.

— Qu'est-ce qui se passe ? Jean-Pierre est malade ?

— Oui, il a eu un malaise, on a prévenu le médecin, répond Tapie, très tendu.

Jean-Louis Levreau, assis sur un meuble bas, dans un coin de la chambre, affiche un air d'une grande gravité. Tapie intervient sans plus attendre.

— Christophe Robert a été mis en examen. Il aurait indiqué avoir reçu de l'argent de l'OM en participant à un acte de corruption. Bernès me dit qu'il n'a rien à voir avec ça. Pouvez-vous me dire si de l'argent a pu sortir de l'OM pour une telle opération ?

J'ai encore du mal à oublier l'ambiance de la réunion de cet après-midi, qui, malgré la fin en queue de poisson, a été une grande réussite. A vrai dire, je suis encore sur un petit nuage. Au long de la soirée, j'ai tenté en vain d'intégrer à mon système de pensée cette histoire de corruption, car, pour moi, elle est tout bonnement irréelle. Il y a quelque chose qui cloche dans cette affaire... Mais la question de Tapie me frappe comme un couperet. Je réagis vivement.

— Franchement, soyons sérieux ! Bien sûr que non, il n'y a pas eu d'argent sorti pour participer à un acte de corruption !

— Vous êtes sûr de vous ?

— Oui, tout ça ressemble à une grosse manipulation !

— Vous êtes sûr de vous ? reprend Tapie. Vous êtes prêt à le certifier et à défendre votre position devant la police ? La justice ? La presse ?

Calme et sûr de moi, je réponds :

— Bien sûr. Je ne sais pas qui a inventé cette histoire, mais je pense franchement que cela dépasse les bornes. 250 000 francs pour un match contre Valenciennes alors que notre équipe est la meilleure d'Europe ! Cela ne tient pas une seconde !

— Bien. Soyez au bureau demain matin. On fera le point.

Inquiet pour la santé de Bernès, je me tourne dans sa direction :

— Et pour Jean-Pierre ?

— Ne vous inquiétez pas. Le médecin va arriver.

Je les quitte sur ces dernières paroles. Marc Fratani m'accompagne jusqu'à ma voiture. On se regarde, un peu abasourdis tous les deux par cette journée étrange. Secouant la tête, je m'interroge :

— Qu'est-ce qu'on est en train de nous faire ? Tu te rends compte, il y a une heure on était au zénith de la réussite. Et là, on est en train de se prendre un énorme truc sur la tête.

— Je sais, répond Marc. On va devoir garder la tête froide...

Marc me quitte, laissant place à un silence pesant.

A l'intérieur du véhicule, je joins par téléphone un ami avocat et lui raconte les faits :

— Tu en penses quoi ?

— Jusqu'à présent, vous avez eu affaire à des affirmations orales. Difficile de juger, c'est parole contre parole. Là, vous êtes en présence d'un élément matériel très important. Le dossier sur le fond n'avait pas beaucoup bougé depuis le début. Maintenant, c'est parti...

C'est donc une enveloppe miraculeusement sortie de terre qui va faire évoluer le dossier ? Cela paraît trop gros. Je n'ai alors aucune connaissance sérieuse de ce dossier. Depuis la finale de Munich, mon emploi du temps a été tellement chargé que je n'ai pas eu le temps d'en parler à Bernès.

De retour à la maison, je m'effondre dans un fauteuil, dubitatif. Bien que je ne mesure pas encore les conséquences de cette affaire, un mauvais pressentiment m'envahit. Comment se fait-il que cette affaire explose le jour où nous présentons pour l'OM un plan financier irréprochable ? La coïncidence existe-t-elle à ce point ? Je suis encore loin d'imaginer que ce jeudi 24 juin 1993 va marquer un point d'inflexion irréversible...

Le lendemain matin, vendredi 25 juin, nous sommes tous stressés par l'affaire Valenciennes dont l'odeur de poudre semble annoncer une suite d'explosions. Pourtant, il faut bien préparer la nouvelle saison. Bon, alors reprenons nos esprits. En fin de matinée, un collaborateur m'apprend que Bernès est remis sur pied et qu'il a rejoint Paris avec son avocat. Tant mieux. Hier soir, il avait une sale mine, il m'a fait peur.

Quand je relève la tête de mes dossiers et prends les nouvelles du jour, j'ai l'impression que rien n'est plus comme avant. Quelque chose a changé, un sourd tremblement semble gronder de loin et venir jusqu'aux portes de Marseille. La tension commence à se durcir, heure après heure : les journalistes, la presse, les déclarations, la télévision. Suis-je en train de rêver ? Je me pose la question tout au long de la journée. Je fais en sorte d'oublier cette vague déferlante. En attendant, il y a des opérations de transfert en cours qu'il faut assurer et tous les rendez-vous liés à OM Premier auxquels nous devons répondre. Je bosse tant bien que mal, sans parvenir à chasser mon inquiétude. Ma capacité d'anticipation a été prise en défaut. Je n'ai pas vu le coup venir. Mais comment aurais-je pu le prévoir ? C'était si soudain et incroyable. J'ai le sentiment que l'affaire de Valenciennes renvoie à une logique qui nous échappe. Il ne s'agit plus d'un simple fait divers. D'ailleurs, de quoi s'agit-il au juste ?

Le lendemain, samedi 26 juin 1993, stupeur ! J'apprends par Radio-France Provence que Bernès a dû être hospitalisé à la suite d'un grave malaise. J'appelle Hervé Ghévontian, son avocat et ami : il me confirme que Bernès se trouve dans un état de totale prostration. Même si j'ai été parfois en désaccord avec lui et si nos relations sont restées exclusivement professionnelles, cette triste nouvelle m'affecte. Je ne pensais pas que l'on pouvait se retrouver à l'hôpital pour des histoires de football.

Je suis scandalisé de voir aux actualités télévisées l'hôpital Sainte-Marguerite assiégé par les journalistes et la police : Jean-Pierre Bernès serait-il un ennemi public n° 1 ? Un malade n'a-t-il pas droit au repos ? Décidément, cette affaire dépasse la raison. Tout cela annonce des jours de plus en plus sombres.

Le mardi 29 juin, à 17 heures, jour de mon anniversaire, je suis invité à une réception organisée par le groupe ONET [1] où sont présents son président, Louis Reignier, son directeur général, Max Massa, les personnalités du département et de nombreux chefs d'entreprise. En tant que représentant de l'OM, j'ai apporté avec moi le trophée de la coupe d'Europe. Je le porte avec fierté, malgré les vicissitudes de l'actualité. Même si l'affaire de Valenciennes hante les esprits, la courtoisie et le soutien inconditionnel au club marseillais sont de mise. Tous évoquent le formidable exploit de nos joueurs pour lesquels je reçois des félicitations sous les applaudissements des invités. Dans mon discours de remerciement, je reste mesuré ; j'espère simplement que la lumière sera faite sur cette affaire pour que l'on puisse se consacrer de nouveau au sport.

La vie du club reprend. C'est aussi la réalité, celle qui nous motive pour devenir meilleurs encore. La saison 1993-1994 s'annonce exceptionnelle par tous ses rendez-vous

1. Importante société de services de dimension internationale dont le siège est à Marseille.

sportifs internationaux. Le temps presse. On doit renforcer l'équipe pour faire face à tous ces matchs.

Le rythme infernal continue.

Rendez-vous le 30 juin à Paris.

Accompagné par Lucciano d'Onofrio, agent de joueurs, je m'envole à bord d'un avion privé pour Lisbonne où je dois conclure l'accord de transfert du joueur Paolo Futré. Une nuit de négociations commence. On parle des conditions financières. C'est un peu une partie de poker. Au cours de la nuit, j'appelle plusieurs fois Tapie pour lui rendre compte de l'état des discussions. A l'autre bout du fil, il met la pression... je négocie sans faiblir... la partie bascule à notre avantage. Nous remportons un nouveau bras de fer.

A 4 heures du matin, me voici de nouveau dans l'avion qui perce la couche nuageuse jusqu'à Marseille.

Arrivé chez moi, je prends une douche avant de filer directement dans nos locaux. Et là, surprise, je découvre un spectacle...

J'appelle Patricia, ma secrétaire, qui me rejoint dans mon bureau :

— C'est quoi, ce carnage ?

Au bord des larmes, elle a du mal à s'exprimer, visiblement choquée. Je tente de la calmer, mais je ne peux arracher mon regard du sol couvert de limaille de fer. On dirait qu'une bête sortie directement d'un film d'horreur s'est ruée ici pour tout saccager.

— Que s'est-il passé ?

— C'est la police... Ils sont venus...

— Et alors ?

— Ils ont découpé votre coffre à la scie électrique et au chalumeau.

— Je vois...

Les deux grosses portes du coffre sont à même le sol.

Accablé, je m'assois. Retrouvant un peu ses forces, elle poursuit, et la révolte l'emporte :

— Ils ont tout retourné ! On n'a rien pu faire !

— Mais quoi ? Je suis un dangereux criminel ? La police

aurait pu mettre des scellés et attendre vingt-quatre heures mon retour ! Vous saviez où me trouver !

— Ne vous fâchez pas, monsieur, je n'y suis pour rien.

— Pardon, je suis épuisé. Laissez-moi reprendre mes esprits.

Elle me regarde d'un air compatissant.

— Vous savez, les policiers étaient très agressifs. Rien ne pouvait les arrêter. Ils ont tout vidé.

Mon bureau se trouve dans un ancien hôtel particulier de l'avenue du Prado, agrémenté d'un superbe parquet de bois de marqueterie. Mais la limaille de fer et les traces des godasses l'ont transformé en un vulgaire champ de foire. Le matériel est endommagé. Et tout ce saccage, pourquoi ? Pour ne rien trouver, sinon de simples dossiers professionnels : pas de double fond caché, d'enveloppe mystère, pas de bande enregistrée, rien. Non, messieurs, je ne suis pas un affreux criminel, vous vous êtes trompés.

Il a fallu une journée entière pour tout ranger, classer, nettoyer. Et qui va payer les frais de réparation et l'achat d'un nouveau coffre ?

Jean-Louis Levreau arrive dans la matinée, tout aussi choqué que nous par la sauvagerie de la perquisition. Il voit l'épuisement sur mon visage tiraillé par une nuit blanche :

— Alain, tu devrais aller te reposer.

— J'ai l'impression que nous allons entrer dans une grande période d'insomnie.

— C'est possible.

— Tu étais là hier durant la perquisition ?

— Oui.

Dans son bureau, il me fait le récit détaillé de cette crispante journée policière.

— Le plus surprenant, c'est qu'ils se sont même attaqués aux poubelles containers ! Ils nous ont demandé de les retourner, là, dans le hall d'entrée ! Même les sacs à main des secrétaires y sont passés. Mais pour trouver quoi ? Si on avait des choses à cacher, tu crois que l'on aurait choisi les poubelles ?

Levreau, un homme d'ordinaire plutôt pondéré, républicain dans l'âme, s'emporte :

— Ils étaient comme des charognards... C'était de la folie furieuse. Tu sais, ça m'a fichu un drôle de coup.

On se regarde en silence. La situation paraît irréelle. Il y a quelques jours nous étions des héros. A présent, on vient saccager nos locaux, défoncer le matériel à la scie et au chalumeau. Désormais le pire devenait possible dans l'horreur, la traîtrise.

Alors que nous sommes à la une de tous les journaux, le 2 juillet, au terme de son hospitalisation, Bernès est interpellé pour corruption active des joueurs de Valenciennes, puis écroué le 6 juillet ! Va-t-il être bientôt libéré ? Nous n'en savons rien. Compte tenu de l'absence forcée de son directeur sportif, Tapie répartit les tâches entre Levreau et moi. Jean-Louis prend en charge la plus grosse part de la direction sportive, c'est-à-dire le management des joueurs, les relations avec l'entraîneur... Pour ma part, je m'occupe des transferts, des compétitions internationales. Tout cela en plus de mon travail. J'espère que cette situation ne va pas trop durer, car je ne touche plus terre !

Le mercredi 14 juillet, c'est le tirage au sort de la coupe de l'UEFA à Genève. C'est la grand-messe traditionnelle où se retrouvent, dans l'univers feutré de l'hôtel Noga-Hilton, dirigeants de club et officiels des instances sportives. Nous sommes à Genève, Jean-Louis Levreau et moi. Nous formons désormais une équipe qui saura rester solidaire et efficace dans cette période agitée. D'habitude, nous sommes reçus ici avec les honneurs, mais, ce jour-là, l'ambiance semble moins se prêter aux louanges. Lors de la réception officielle, nous avons même l'impression que certains nous regardent de haut. On chuchote dans notre dos. Bizarre... Au cours des discussions on nous fait comprendre à demi-mot que le maintien de l'OM en coupe d'Europe pourrait être remis en cause. Rien de grave pour l'instant, mais...

A l'issue du tirage au sort, nous constatons avec stupeur

que la remise officielle de notre coupe n'a pas lieu ! Tout cela se passe sans annonce, tout doucement, comme si de rien n'était. L'indifférence, le silence, cela pèse tout autant que la fureur d'un cri. Nous sommes entrés dans une période où le club marseillais fait figure d'exclu.

C'est presque à la sauvette, après la cérémonie officielle du tirage au sort, que le trophée (une réplique de la coupe d'Europe) nous est remis discrètement. Etrange... Etrange... Cette situation me rappelle l'histoire de Job dans la Bible : un jour roi en ses terres, le lendemain martyr, conspué par les amis et les membres de la communauté. C'est peut-être là une leçon. Quiconque connaît la gloire au milieu des hommes doit-il un jour se retrouver dépouillé pour que les autres puissent se retrouver unis autour de lui ?

Le soir, dans mon hôtel à Genève, perplexe devant les événements de la journée, je regarde la télévision. La chaîne diffuse à la une du journal télévisé un reportage sur l'affaire de Valenciennes. Parmi les diverses informations données, il est insinué que je suis introuvable... Pourquoi pas en fuite pendant que nous y sommes ! Les bras m'en tombent. Dès mon retour à Marseille, je fais savoir par communiqué que j'estime le procédé déloyal et de nature à envenimer une situation déjà fort complexe.

En ce lendemain du tirage au sort, le jeudi 15 juillet, je prends un peu de temps pour réfléchir dans mon bureau de Marseille. Suis-je bien conscient de ce qui est en train de se produire devant mes yeux ? Tapie commence-t-il à douter ? En tout cas, il ne montre rien, sinon qu'il est très énervé par les attaques. En attendant, tout se fissure autour de nous, sentiment de guerre permanente. Le déchaînement de la presse sur le thème de la corruption laisse entendre sournoisement que tous les matchs de l'OM auraient été truqués. Hier, à Genève, cette ambiance si étrange au cours du tirage au sort... les poursuites judiciaires à l'encontre de Bernès le jour de son hospitalisation, puis son incarcération, les interrogatoires, le relevé de centaines d'empreintes. Les faits s'enchaînent dans une logique qui nous échappe. On se croirait dans un jeu de quilles. Les quilles, c'est nous, et il y a manifestement plusieurs lanceurs de boules. Quand sifflera-t-on la fin de la partie ? C'est trop... Je décroche le téléphone et compose le numéro personnel de Tapie :

— Allô ? Monsieur Tapie ?

— Oui ? Laroche ! Je vous écoute.

— J'ai besoin de vous voir. C'est urgent.

Je sens la voix de Tapie un peu lasse. Sans doute lui aussi a-t-il besoin de parler :

— OK. Venez demain après-midi.

— Parfait.

Le lendemain, 16 juillet, je prends l'avion en fin de matinée et je me retrouve dans l'hôtel particulier de Tapie, rue des Saints-Pères, dans cette belle pièce qui fait office de salon et de bureau au premier étage de la bâtisse.

C'est un jour très orageux, le ciel est chargé de nuages menaçants. Nous sommes assis face à face. Jean-Pierre Bernès est encore en prison. L'environnement de l'OM est plus que conflictuel.

Je le regarde avec gravité :

— J'ai besoin de vous parler librement. Je ne suis pas sûr de vous faire plaisir.

— Bon, pas de problème, allez-y.

— Je suis inquiet, monsieur Tapie, et je m'interroge : comment sommes-nous passés d'un état d'euphorie à la crise d'aujourd'hui ? Repensons à notre parcours : la montée en puissance de l'OM, année après année, jusqu'à la victoire en coupe des champions, puis la création de OM Premier... Au moment où nous touchons au but, patatras ! tout s'écroule ! C'est un tir de barrage contre nous !

— Oui, c'est vrai, ça cogne dur en ce moment...

— Je me demande si l'affaire de Valenciennes ne serait pas qu'un prétexte pour nuire à l'OM ?

— Vous savez, Laroche, c'est difficile de connaître vraiment le fond des choses... il faut rester vigilant...

Je me penche un peu vers lui, poussé par des craintes obscures :

— J'ai le sentiment que ce mauvais climat va être entretenu encore et encore. Comment devons-nous interpréter cela ?

Tapie ne dit plus un mot. Rarement il m'avait autant écouté. Sans hésiter, je continue de vider mon sac :

— Je crois que le club va écoper de graves sanctions sportives. Je l'ai bien senti à Genève... On dirait que la force que représente l'OM provoque la panique autour de nous. Les attaques vont-elles continuer ? Valenciennes aujourd'hui, et demain ? Cette affaire n'aurait jamais dû dépasser le stade des commissions juridiques de la LNF, s'il n'y avait pas autre chose.

— Evidemment...

Bien que très attentif à mes propos, Tapie semble encore perplexe. Par la fenêtre, je vois le ciel se couvrir de nuages noirs. L'air est électrique. Je poursuis ma mise en garde :

— Je voudrais vous rappeler qu'on ne peut pas ignorer le rôle de la politique dans le dossier de l'OM. A cet égard, souvenez-vous du vibrant hommage que le président de la République, François Mitterrand, vous a rendu il y a deux jours, lors de la garden-party du 14 juillet, alors que nous sommes en pleine instruction judiciaire de l'affaire VA/OM et que Bernès est encore en prison. Le président de la République vous a affiché clairement son soutien, considérant que vous avez été un bon ministre, que vous avez travaillé avec intelligence et énergie. De plus, il a dit qu'il aimait bien l'OM et qu'il ne voyait pas pourquoi ce club se serait lancé dans une affaire de corruption aussi douteuse que choquante. Cet hommage appuyé a été relayé par les télévisions, par de nombreuses photos de l'entretien que vous avez eu ensuite avec François Mitterrand dans les jardins du palais de l'Elysée au milieu de la foule. Les observateurs avisés ont remarqué que le président de la République a employé le mot « OM » et non pas « équipe de Marseille », comme si l'OM avait quelque chose de familier et que ces initiales devaient être connues de tout le monde, à la manière d'un nom commun. L'affaire fait d'ailleurs grand bruit, et le procureur Eric de Montgolfier annonce son intention de répondre au Président[1] ! C'est du jamais vu !

— Oui, et alors ? me dit Tapie pour m'obliger à aller plus loin.

— Un tel soutien de la part de François Mitterrand n'est pas du goût de tout le monde, à commencer par certains magistrats qui n'apprécient pas l'intervention du pouvoir exécutif dans l'indépendance de la justice. Convenez que tout cela dépasse la logique d'une banale affaire de corruption dans le foot.

— Et alors ? Qu'est-ce que vous proposez ?

— Les affaires et la politique peuvent-elles faire bon ménage ? Connaissez-vous réellement vos ennemis ?

Tapie réfléchit quelques instants, puis se lève et me prend amicalement par l'épaule :

— Votre sincérité me touche. Mais ne vous faites pas de soucis. On tiendra...

— Je le souhaite...

A ce moment-là, une bourrasque violente se fracasse contre la fenêtre qui s'ouvre d'un coup en claquant. C'est l'orage qui éclate et déchire le ciel noir de Paris, le vent s'engouffre violemment dans la pièce. Tapie bondit pour refermer la fenêtre...

Descendant le grand escalier, je m'arrête devant la porte vitrée. La pluie tombe dru. J'attends derrière la porte donnant sur la cour que l'orage se calme un peu. Dubitatif, le cœur serré, je reste un long moment à regarder les grosses gouttes s'éclater sur le pavé sombre. Une petite voix me dit que les jours à venir risquent d'être aussi noirs que cet après-midi d'intempéries, en tout cas ils vont réclamer de notre part beaucoup de courage, surtout une grande force de caractère. Un coup de tonnerre m'extirpe de mes pensées.

1. Les jours suivants, Eric de Montgolfier renonce à répondre au président de la République, François Mitterrand, après avoir été reçu par le chef de cabinet du garde des Sceaux qui l'invite à plus de modération dans l'usage de la presse, mais qui, néanmoins, le soutiendra dans la poursuite de l'affaire de Valenciennes.

Je traverse la cour, d'un pas rapide, franchis le porche et attrape un taxi qui arrive.

Quelques jours après, nous apprenons que les milliers de relevés d'empreintes ne correspondent pas à celles trouvées ni sur les billets ni sur l'enveloppe mystère. En tout cas, celles des dirigeants de l'OM et de son personnel n'y sont pas détectées. Par ailleurs, l'examen des numéros de ces billets montre que leurs origines sont assez variées. Cela est plutôt de nature à me réconforter : notre bonne foi va être bientôt reconnue...

Le jeudi 22 juillet, Jean-Pierre Bernès est libéré. C'est une deuxième bonne nouvelle, mais surtout un réel soulagement. Cela me semble tellement disproportionné de se retrouver en prison pour des histoires de football...

Après le retour de Bernès à Marseille, j'ai un entretien avec son avocat, Me Hervé Ghévontian, qui défend aussi l'OM. Il paraît épuisé. J'ai vu avec quel acharnement il a combattu pendant les dix-huit jours de détention de Bernès, ses aller et retour entre Lille, Valenciennes et Marseille pour être présent aux côtés de son client. Il me fait part de son grand bonheur d'avoir réussi à faire libérer Bernès qui est aussi un ami. Il me dira que c'est dans ces circonstances que l'on mesure le prix de la liberté.

Plus tard, Jean-Pierre Bernès révoquera ses avocats Hervé Ghévontian et Jean-Louis Pelletier, prétextant qu'ils sont trop proches du club et de Tapie, donc pas libres de leurs actes pour assurer sa défense. Jean-Pierre, comment as-tu pu penser une telle chose ? Hervé Ghévontian était ton ami, il se battait pour te défendre avec compétence, courage et loyauté. Jamais il n'aurait accepté la moindre compromission. Hervé Ghévontian fait partie de ces hommes qui ont d'authentiques valeurs morales et que l'on peut être fier de compter parmi ses amis.

Oui, l'affaire VA/OM commence à diviser les hommes. Le cancer gagne du terrain...

Le samedi 24 juillet, Bernès fait un tour d'honneur au stade Vélodrome lors du match de reprise du championnat.

Il reconnaîtra plus tard que c'était là une erreur grossière, son geste ayant été interprété comme un défi à la justice.

Or, on ne défie pas la justice !

Surviennent ensuite les affaires dans l'affaire. Celles des faux témoignages avec la supposée tentative de subornation de l'entraîneur de Valenciennes, Boro Primorac[1], et l'alibi de Jacques Mellick[2], maire de Béthune... Tout cela ressemble à un mauvais thriller.

Dans l'affaire VA/OM, en plus de l'épisode qui a failli opposer le procureur Eric de Montgolfier au président de la République, François Mitterrand, un autre événement prouve la totale démesure que prend alors cette affaire : il s'agit du fameux « troisième homme » supposé présent lors d'un déjeuner entre Primorac et un émissaire corse, durant lequel ce dernier lui aurait proposé un « arrangement » dans l'affaire de Valenciennes. Se plaignant au juge Beffy d'avoir subi une tentative de subornation, une nouvelle enquête est ouverte à ce sujet, au cours de laquelle Primorac croit reconnaître sur des photos un ancien garde du corps de Bernard Tapie, aujourd'hui affecté à la protection du juge d'instruction antiterroriste Laurence Le Vert. Peu de temps après avoir reconnu ce fameux garde du corps, Primorac change d'avis. Mais qu'importe ! Pour vérifier auprès de Laurence Le Vert l'emploi du temps de son garde du corps, le juge Beffy décide d'entendre celle-ci par procès-verbal ! L'ambiance est, paraît-il, pour le moins tendue. On imagine aisément le caractère grotesque de cette entrevue entre deux juges qui ne jouent pas dans la même cour, l'un en charge du gravissime problème du terrorisme, l'autre d'instruire une supposée affaire de corruption dans un match de football. Le juge Beffy envisage-t-il de mettre le juge Le Vert en

1. Selon Boro Primorac, un « M. Noël » l'aurait présenté à Tapie, à la mi-juin.

2. Député PS de Béthune (Pas-de-Calais), ancien ministre, témoin surprise de Tapie, Jacques Mellick déclare l'avoir rencontré au siège de BTF le 17 juin, et ne pas y avoir vu Boro Primorac. Tapie ne sera pas poursuivi pour faux témoignage dans l'affaire Mellick car il n'aura pas utilisé cet alibi devant le juge Beffy.

garde à vue ? Des bruits courent, mais on ne le saura pas. Face au délire de cette situation, le juge Bruguière, patron de la cellule antiterroriste, se voit dans l'obligation d'intervenir pour mettre un terme aux dérapages. On est en plein roman d'espionnage. Les auteurs les plus inspirés de ce genre de prose n'auraient pu imaginer un scénario aussi incroyable.

Le juge Beffy n'hésite pas à envoyer à Fort-de-France des policiers pour entendre Corinne Krajewski, attachée parlementaire de Mellick, sur l'affaire de l'alibi de son patron. Bien sûr, tout cela avec force moyens médiatiques.

Au cours de l'été, chaque jour qui se lève apporte son lot d'épreuves, de convocations, de scoops, de rumeurs, de pressions médiatiques. Il n'empêche que la saison a repris ses droits. L'aventure continue... L'OM doit se préparer pour disputer, notamment, la coupe intercontinentale.

Fin août, c'est l'UEFA et la FIFA[1] qui s'impatientent de voir la FFF ne pas prendre de décision au sujet de l'affaire VA/OM.

Lundi 6 septembre 1993 : je suis dans le bureau de Jean-Louis Levreau, assis à la grande table de réunion, à travailler sur l'organisation du prochain match de coupe d'Europe qui doit avoir lieu le 18 septembre contre AEK Athènes. Le téléphone se met à sonner. Ce signal électrique nous fait tressaillir tous les deux. Depuis des semaines, les coups de téléphone sont synonymes de mauvaises nouvelles. On s'attend au pire. Nous savons que l'UEFA est en réunion ce matin, au sujet de l'OM, après avoir entendu MM. Fournet-Fayard et Le Graët. Alors, cette fois-ci...

Jean-Louis hésite un bref moment, puis se lève et va décrocher. Je le regarde, son visage se ferme peu à peu. Il raccroche et vient se rasseoir. Il est blanc comme un linge. J'attaque sans attendre :

— Le couperet de la guillotine, c'est ça ?

— C'est bien l'UEFA, répond Jean-Louis. Les sanctions sont tombées. L'OM est interdit de compétition.

1. Federation International Football Association.

— La totale ?

— Oui : interdit de coupe intercontinentale, de super coupe et de coupe européenne, même les matchs amicaux...

Là, c'est trop ! Je m'emporte :

— Les matchs amicaux aussi ! Bon sang ! Ils veulent carrément nous pousser à la faillite. Comment va-t-on faire maintenant pour payer les charges ?

Jean-Louis reste sans voix, incapable de prendre la moindre initiative...

Le téléphone sonne de nouveau. Lentement, il se dirige vers le combiné et décroche. C'est Bernard Tapie à l'autre bout du fil. Je sens une grande désolation s'installer dans leur conversation.

Mon esprit s'évade... Craignant une plus grande mauvaise nouvelle encore, je refais le calcul : les sanctions sportives vont entraîner pour le club un manque à gagner de l'ordre de 120 millions de francs nets de charges... Comment une entreprise peut-elle vivre quand on lui retire près de 40 % de ses recettes en vingt-quatre heures ? La saison vient de débuter. Impossible de revenir en arrière, de transférer les joueurs.

Nous sommes faits comme des rats.

Jean-Louis raccroche et se retourne vers moi. La voix brisée, il me dit :

— Peux-tu chiffrer précisément les pertes et préparer un scénario de restructuration ?

— OK. J'étais justement en train de faire le calcul dans ma tête.

Je retourne à mon bureau.

Je regarde autour de moi les étagères pleines de dossiers. A quoi ce travail a-t-il servi, au bout du compte ? Le découragement s'abat sur moi d'un coup.

La saison 1993-1994 devait être celle de la consolidation. C'est raté. Il ne me semble pas honnête de faire risquer aux futurs actionnaires de OM Premier les soubresauts d'une aventure aussi aléatoire. Nous décidons de différer cette opération le temps d'y voir plus clair. Le sol se dérobe sous nos pieds. La survie va être très difficile, presque impossible.

Puis mon naturel de combattant reprend le dessus, un sursaut d'orgueil vient me saisir et je relève la tête. Je ressens comme une décharge électrique : prouvons à nos ennemis que nous sommes capables de réagir ! Ce sera notre meilleure réponse. Je prends le téléphone :

— Allô ? Monsieur Tapie ?

— Oui, Alain, me répond-il d'une voix aphone.

— Les sanctions sont terribles. Mais on se battra ! On mobilisera toutes les énergies. Alors on verra où sont nos vrais amis.

Tapie aime ce langage guerrier, il me lance :

— Foncez !

Je réunis tous mes collaborateurs.

En fin d'après-midi, je reçois un coup de fil de Tapie. Il a retrouvé la pêche ! Plein de force dans la voix, il me dit :

— On ne va pas se laisser abattre aussi facilement. C'est le moment de riposter ! J'ai organisé un rendez-vous avec Vigouroux jeudi matin à 11 heures. Il y aura Gaudin et Weygand. Préparez une note de synthèse sur les comptes. Merci. Salut.

Jeudi 9 septembre. Réunion dans le bureau du maire de Marseille.

Robert Vigouroux est assis derrière son bureau. Le secrétaire général, Philippe Chotard, se tient près de lui, légèrement en retrait. Sur un des côtés, assis dans des fauteuils de velours bleu, se trouvent Bernard Tapie, Jean-Louis Levreau et moi-même ; en face de nous, il y a Jean-Claude Gaudin et Lucien Weygand, et leurs directeurs de cabinet respectifs. La scène est assez protocolaire. Les cameramen et les photographes consomment activement bobines vidéo et pellicules. La séance peut commencer. Le début des échanges est hésitant, mais après discussion les parties conviennent de l'absolue nécessité de sauver l'OM. Les responsables des collectivités locales décident alors de mettre en place au profit de l'OM une aide financière sous la forme d'un prêt d'un montant de 50 millions qui sera débloqué dans un délai de soixante jours, le temps d'examiner les modalités juridiques de ce concours financier. Le complément d'argent nécessaire sera dégagé dans le cadre de notre plan de restructuration. Par ailleurs, Tapie fera jouer ses relations dans le monde des affaires pour trouver des sources de financement supplémentaires.

La réserve formulée au sujet d'un délai de soixante jours pour examen juridique du dossier de financement est passée inaperçue aux yeux du grand public. La plupart des gens informés de cette décision ont en effet seulement retenu la volonté collective des élus d'aider l'OM. Pourtant, quelque temps plus tard, cette réserve jouera un rôle crucial... Au cours de la réunion, une objection plus marquée du secrétaire général de la ville me met la puce à l'oreille. Celui-ci évoque en effet de possibles difficultés juridiques du fait du statut de l'OM en société anonyme à objet sportif. Toutefois, ce point ne semble pas trop gêner les politiques qui rédigent en commun un communiqué annonçant la bonne nouvelle qui sera lu devant la presse et les élus par Vigouroux en présence de Gaudin, Weygand et Tapie. L'annonce suscite l'euphorie des supporters massés devant la mairie.

Cependant, je ne suis guère rassuré. Je commence à connaître les arcanes du droit administratif des collectivités : ce montage financier n'est pas simple, en tout cas cela prendra du temps. Or, nous avons besoin d'argent rapidement. Bref, l'éventualité de cette querelle juridique pourrait constituer un nouveau frein dans notre restructuration. La suite nous en révélera davantage sur les intentions réelles des uns et des autres...

Après notre rendez-vous à la mairie, Bernard Tapie, Jean-Louis Levreau et moi déjeunons dans un petit restaurant de la Cadenelle.

Au cours du repas, Tapie reçoit un appel téléphonique de Me Rumo, notre avocat, en Suisse, chargé de contester la décision de l'UEFA. Apparemment, les nouvelles sont plutôt bonnes de ce côté-là. Le tribunal suisse devrait suspendre la décision de l'UEFA. L'OM va peut-être réintégrer les compétitions sportives internationales.

Le déjeuner achevé, nous rejoignons le stade Vélodrome

pour animer une réunion prévue avec des chefs d'entreprise. Pendant ce temps, la foule des supporters se rassemble dans la cour d'honneur devant un large podium où Tapie doit faire un discours en fin d'après-midi. Au cours de la réunion, Tapie reçoit un nouvel appel téléphonique de l'avocat suisse qui confirme la décision du tribunal de Berne. Notre procédure a donc porté ses fruits.

Fou de joie, Tapie annonce l'heureuse nouvelle autour de lui, puis, d'un pas conquérant, fonce dans les vestiaires pour prévenir les joueurs : « C'est bon, les gars, on dispute la coupe d'Europe ! C'est reparti ! »

Ensuite, il se dirige vers le podium où attendent plus de six mille supporters : « L'OM jouera contre Athènes ! Je vous donne tous rendez-vous mercredi prochain, le 15 septembre. »

Au même moment, une perquisition musclée se déroule dans les bureaux parisiens de Tapie, sur ordre du juge Beffy. La situation est paradoxale : d'un côté, l'euphorie d'une sanction levée, la joie des supporters ; de l'autre, la tension avec l'UEFA, la Fédération et la Ligue, le juge Beffy qui poursuit son instruction en usant de moyens énormes. Ainsi vont les journées à l'OM...

Victoire ! L'OM jouera donc la coupe d'Europe...

Oui, mais il ne faut pas oublier la puissance de feu des forces extérieures... L'inflexible instance de l'UEFA réplique en demandant à la Fédération française de football d'appliquer l'article 57 de son règlement qui interdit à l'un de ses clubs de porter un litige devant les tribunaux civils, sans quoi elle menace l'instance nationale de sanctions telles que l'exclusion des clubs français en coupe d'Europe, voire carrément d'agir sur la FIFA pour interdire l'équipe de France de compétitions internationales !

L'affaire fait grand bruit. La bataille prend dès lors une allure de conflit international. Tout cela à cause d'une enveloppe d'argent trouvée dans un jardin et dont le généreux donateur reste inconnu à ce jour...

Face à la contre-attaque de l'UEFA, Noël Le Graët adresse, le vendredi 10 septembre en début de matinée, une lettre qui restera gravée dans nos mémoires « (...) au plus prestigieux des clubs français qui nous a apporté le premier trophée européen de notre histoire et dont les joueurs, par leur talent exceptionnel, ont permis à l'équipe de France de participer à la coupe du monde 1994 et ont ainsi grandement contribué à ce que notre pays se voit attribuer l'organisation de la coupe du monde 1998. L'avenir du football français dépend de vous et de votre décision ». Cette lettre vaut son pesant d'or... pas pour l'OM, malheureusement...

Bernard Tapie hésite. Que doit-il faire ? Céder aux suppliques du président de la LNF, elles-mêmes relayées par la FFF ? Poursuivre la procédure contre l'UEFA ? La partie n'est pas simple. Peut-il mener de front un combat contre ces deux instances sportives ? Quelles seront les répercussions politiques et économiques si l'équipe de France se voit réellement radiée des compétitions internationales ? S'agit-il d'un bluff ?

... Tout se joue le vendredi 10 septembre dans la matinée : Bernard Tapie se trouve au Sofitel de Marseille, dans la suite Montecristo. Il prend des avis, consulte, passe des coups de fil à des amis de confiance. De nombreuses personnes sont présentes, notamment des journalistes : Eugène Saccomano d'Europe 1, Giampiettro Agus de la *Gazetta dello Sport,* Michel Gonod de *Paris Match*, et, en fin de matinée, arrivent Alain Roseghini, responsable du service sportif au *Méridional*, et Christian Rodat qui s'occupe des chroniques judiciaires au *Provençal.* En bas, dans le hall, d'autres journalistes et des supporters attendent, fébriles.

Tout au long de la matinée les discussions autour de l'affaire se poursuivent dans un climat de drame passionnel. Le Graët tire sur la corde sensible, celle du patriotisme, de l'intérêt national. Il sait que Tapie est un homme qui aime la France, qui a été ministre et qui reste très attaché aux valeurs de la République.

En fin de matinée, j'arrive au Sofitel et j'assiste à la sortie de la crise...

Tapie a pris sa décision : sensible aux appels du président de la Ligue, ne voulant pas créer un conflit international dans le monde du football, il cède. Pour Tapie, les intérêts du football français sont supérieurs. Mais il a obtenu un accord des responsables des instances sportives françaises : en contrepartie du retrait de la procédure contre l'UEFA, ils promettent que l'OM pourra participer à la super coupe et la coupe intercontinentale. Je n'étais pas présent lorsque cet accord verbal a été déclaré, mais il m'a été rapporté par plusieurs témoins présents dans la suite Montecristo. Ouf ! Le club marseillais est sauvé, l'OM va pouvoir profiter d'une bonne bouffée d'oxygène ! Tapie a enfin retrouvé un objectif : faire que l'OM gagne la super coupe et devienne champion du monde des clubs.

Le ciel se dégage, nous revoici en marche vers la victoire... Notre club dispose d'une équipe de rêve pour atteindre cet objectif... mais... mais... Les promesses des présidents de la Ligue et de la Fédération de football ne sont pas tenues ! Puisque l'UEFA à la demande de la FIFA revient en force sur le devant de la scène et donne le coup de grâce, décidant de maintenir les sanctions prévues initialement : le club est exclu de toutes les compétitions internationales. C'est dur ! Très dur ! Tragique même ! Pas de doute, on veut la mort de l'OM ! 120 millions de recettes nettes disparaissent en fumée !

Malgré ce coup terrible, nous gardons espoir. Cela nous renforce davantage dans notre volonté de vaincre. Les supporters comptent sur nous ! C'est tout le cœur d'une ville qui bat pour l'OM.

Entre-temps, toujours peu rassuré par les hésitations de la mairie au sujet de notre prêt subventionné, j'ai consulté l'avis de grands cabinets juridiques, lesquels estiment que cette opération financière est possible.

Le 20 septembre, lors d'une réunion à l'hôtel de ville en présence de Philippe Chotard, je constate que les réticences du service juridique de la mairie persistent malgré les consultations positives des avocats. Ces hésitations confortent la stratégie de Vigouroux... hostile à notre club.

En début de soirée, je rencontre le directeur de cabinet de Lucien Weygand, dont la position nous est nettement plus favorable. Jean-Claude Gaudin, président du conseil régional, quant à lui, maintient une position bienveillante, confirmant son soutien à l'OM, ajoutant que, si l'opération de prêt se révèle au bout du compte impossible, il nous proposera un renforcement des contrats de partenariat commercial déjà en place avec la région. Je fais mon rapport à Tapie qui grogne devant tant de complications soulevées par le maire.

Le 28 septembre, à 11 heures, Bernard Tapie débat avec M. Weygand pour tenter de débloquer la situation. Le président du conseil général confirme ses engagements de partenariat avec l'OM, mais ne peut rien faire pour changer l'avis de la mairie au sujet de l'aide financière.

La municipalité se protège derrière un formalisme juridique ; elle ne partage toujours pas les positions de nos juristes. Face à cette situation bloquée, le prêt ne sera finalement pas mis en place. Aussi sommes-nous en droit de nous demander si la proposition d'aide financière de la mairie n'a pas été qu'une manœuvre pour endormir Tapie et obtenir un succès populaire auprès des supporters. Les intentions cachées du maire paraissent ici se dévoiler à travers les mailles d'un conflit entre lui et Tapie qui prend sa source dès 1989 peu après l'élection de Vigouroux soutenu pourtant par le patron de l'OM.

Ce fait nouveau alimente davantage mes réflexions : existe-t-il alors une convergence de forces extérieures pour frapper l'OM et son président ? A mesure que les événements se précipitent, l'ensemble des indices vient confirmer la réalité de cette hypothèse.

Un autre événement marquant est survenu le 3 septembre 1993. M. Lagnier, responsable de la commission de la DNCG, m'informe que la LNF a demandé un audit approfondi des comptes de l'OM. Ma réaction première est d'abord très réservée. Comment allons-nous pouvoir consacrer du temps aux auditeurs de cette mission ? Que cache cette nouvelle tentative de déstabilisation ? L'ordre de mission donné au cabinet auditeur par la DNCG ne prête pas à confusion, il consiste à « démontrer la capacité financière de l'OM à poursuivre son activité et mettre en évidence les éventuelles anomalies de sa gestion ». Quelles sont les intentions réelles des instances sportives via la DNCG ? Comment les pressions inavouables agissent-elles sur le plan local et national ? Quels en sont les relais directs et indirects ? A mesure que les jours apportent leurs lots de mauvaises nouvelles, j'essaie de garder la tête froide tout en démêlant l'imbroglio de ces affaires et de ces attaques en cascade.

L'audit débute le lundi 6 septembre. Mes réserves initiales sont finalement dissipées, car je pense que cet audit est plutôt une chance. Je suis sûr de la qualité de mon système de gestion éprouvé depuis plusieurs années. Ce sera l'occasion d'en faire la preuve, puis de confirmer mon évaluation des conséquences financières des sanctions sportives. La renommée internationale du cabinet BDA Deloitte Touche est un gage de qualité et d'intégrité indéniable. Je peux espérer que le résultat de l'audit change le point de vue des dirigeants des instances sportives. J'ouvre donc en grand les portes aux auditeurs du cabinet BDA. Nous sommes tous, au bureau, mis à rude épreuve par tous les travaux supplémentaires demandés toujours en urgence. Les heures de sommeil manquent.

Didier Novela, directeur associé de BDA, dirige la mission qui durera presque deux mois. Elle comptera jusqu'à sept auditeurs.

Pendant ce temps, je multiplie les contacts avec les responsables de nos banques, le trésorier-payeur général des Bouches-du-Rhône, M. Watine, et la directrice de l'URSSAF, Mme Chabas. Dès le premier rendez-vous, j'apprécie la qualité d'écoute de ces dirigeants et de leurs collaborateurs. Compétents et attentifs, ils semblent décidés à trouver une solution acceptable. Toutefois, compte tenu de la personnalité de Tapie, ce dossier est suivi à très haut niveau par leurs ministères de tutelle respectifs.

L'audit se déroule normalement, nos comptes sont analysés avec minutie et, le 28 octobre 1993, le cabinet BDA remet les conclusions de son rapport particulièrement étoffé dont voici quelques passages significatifs : « La comptabilité du club est globalement bien tenue et les quelques ajustements que nous avons proposés ont été pris en compte par la société tant en ce qui concerne les comptes au 30 juin 1993 que sur la situation au 30 septembre 1993. (...) Compte tenu des sanctions sportives en cours, le problème de la poursuite de l'exploitation se pose de manière cruciale. (...) La situation financière du club est à ce jour préoccupante et la cessation de paiement ne pourra être évitée que grâce à la position compréhensive des autorités sociales et fiscales, à la cession de joueurs et au maintien des concours financiers des banques. Si ces conditions ne pouvaient être remplies à brève échéance le problème de la cessation de paiement devrait être considéré. (...) Sur la base des contrôles effectués et sous réserve de la poursuite de l'exploitation, nous n'avons pas relevé d'éléments pouvant affecter de façon significative les comptes de l'OM qui nous ont été présentés. »

Alors que beaucoup s'attendaient à découvrir un fatras comptable et l'existence de comptes occultes, le cabinet BDA vient démentir les attaques contre notre club. Il prend acte non seulement de la régularité de nos comptes, mais aussi de la bonne gestion de l'OM et confirme mon analyse sur les causes de nos difficultés financières et leur coût. S'agissant de notre budget prévisionnel corrigé après les sanctions sportives, le cabinet BDA ajoute que celui-ci « semble globalement réaliste à 5 ou 6 millions près ». Cette marge d'erreur est faible, en tout cas acceptable eu égard au volume important du chiffre d'affaires du club et aux aléas du sport. Ce rapport me redonne de l'espoir. Peut-être les autorités vont-elles enfin nous faire confiance ? A force de rumeurs, il y a toujours le risque de sombrer dans un doute continuel.

Notre plan de sauvetage est également validé par le cabinet BDA. Outre un échelonnement de la dette fiscale et sociale et le maintien des concours bancaires, il prévoit la cession des joueurs Boksic, Boli, Futré et Desailly, sans parler d'une réduction drastique de nos frais généraux. Alors que je m'active à la mise en place de ce plan, Tapie, de son côté, réussit un bel exploit en parvenant à négocier au meilleur prix la cession de nos joueurs.

Le mardi 2 novembre, je présente le plan de sauvetage à la DNCG. Tous ses membres me regardent avec sévérité. Je prends ma respiration, puis expose mon dossier. Jusqu'à maintenant, je n'avais jamais eu de problèmes avec cet organisme. Mais, cette fois-ci, je sens vite que ça cloche. Pas loupé, la réunion finit par tourner mal. Ils m'annoncent qu'ils envisagent de rétrograder l'OM en deuxième division avec effet immédiat ! Ah oui ? Comme ça ? Mais pourquoi ne constatent-ils pas nos efforts et notre rigueur pour sauver le club marseillais ? Cherchent-ils à pourrir la situation ? Et le rapport BDA qui finalement conforte nos positions... ? Oublié ! C'en est trop... On décide de faire appel de cette décision !

Une seconde réunion a lieu en présence de Bernard Tapie le 25 novembre, où nous fournissons de nouvelles preuves de la réalité de nos mesures de sauvetage : copie des contrats de cession de joueurs, le moratoire signé avec les autorités fiscales et sociales, les courriers des banques indiquant qu'elles maintiennent leurs concours, une lettre signée du président du conseil général des Bouches-du-Rhône stipulant le renouvellement de nos accords de partenariat sur cinq ans. Par ailleurs, Tapie confirme qu'il se porte caution personnelle sur les accords pris avec le Trésor public, l'URSSAF et l'ensemble des opérations financières de l'OM. La situation financière de Tapie étant tout à fait stable à l'époque, sa caution est un réel gage de sécurité. A l'issue de la réunion, la commission d'appel de la DNCG décide de laisser jouer l'OM en première division et accepte le recrutement du joueur Sony Anderson, qui est en discussion depuis plusieurs semaines.

On a bien fait de se battre !

Durant ces jours, c'est un branle-bas de combat général. Tous mes collaborateurs sont à l'œuvre sur le pont de ce vaisseau OM pour le sauver du naufrage. Et ils vont sortir le meilleur d'eux-mêmes. Je salue aussi la compréhension des services de l'administration fiscale et sociale qui ont fait leur possible pour nous accorder des délais de paiement.

Fin septembre, alors que les sanctions sportives ont durement frappé le club marseillais, mais aussi Jean-Pierre Bernès, suspendu de toute activité dans le football par le conseil fédéral de la FFF, il vient me voir dans mon bureau. Nous devons régler quelques questions administratives consécutives à sa démission.

Dès son arrivée, je remarque sa pâleur, les cernes sous ses yeux, son état de fatigue, sa mine dépressive. Une fois les questions administratives réglées, il me dira seulement :

— Alain, je me suis fait piéger...

L'année 1993 se termine dans un combat quotidien. La réduction des frais généraux se poursuit. Parfois, les arbitrages sont douloureux. Mais la plupart des personnes concernées restent solidaires, acceptant la limitation des dépenses.

Des sentiments chaotiques m'habitent à cette époque où se mêlent la tristesse et le stress ; je suis triste en effet devant le spectacle de cet effondrement entretenu par des forces extérieures dans un obscur jeu de quilles. On dit souvent que c'est dans les pires moments qu'apparaissent les vraies qualités des uns et des autres. J'ai pu le vérifier. Je souligne encore cette formidable solidarité de la part des supporters, des annonceurs, des sponsors et du personnel permanent et vacataire. Je suis fier de travailler avec eux.

Malgré les attaques, l'omniprésence de la justice, de la pression médiatique, d'un combat sans merci, d'une situation financière fragile et l'absence de Bernès, l'OM se bat à tous niveaux.

L'année 1994 débute dans un concert de tracas de toute nature, de perquisitions, d'enquêtes. L'affaire VA/OM connaît chaque jour de nouveaux rebondissements. Au bureau, je travaille comme un fou dans un climat de déception qui commence, d'ailleurs, à envahir les collaborateurs comme une maladie sournoise. Au passage, nous avons le plaisir de subir un second contrôle fiscal conduit par trois inspecteurs particulièrement compétents venus de la brigade des vérifications nationales de Paris.

Difficile de gérer l'OM avec sérénité dans ces conditions, ce qui ne nous empêche pas d'être prétendants au titre de champion de France. Déjà nous commençons à réfléchir à la saison suivante. Nous craignons cependant de nouvelles sanctions.

Depuis le ratage de l'opération de prêt, nos rapports avec la mairie sont moroses. Seule la bonne volonté de quelques fonctionnaires et élus municipaux permet la poursuite de notre fragile collaboration. D'ailleurs, certains élus me font part de leur déception devant l'attitude négative du maire à l'égard de l'OM et de son président. La stratégie suivie par Vigouroux semble déconcerter plusieurs membres de sa majorité politique...

Du côté de Gaudin et Weygand, l'ambiance est meilleure, chacun ayant signé des accords de partenariat comme promis. Je rencontre régulièrement l'ensemble des interlocuteurs pour les tenir informés de la situation. Le gouverneur de la Banque de France à Marseille, M. Rouchon, inquiet de notre situation et de notre avenir, me reçoit à plusieurs reprises.

Au même moment, Bernard Tapie prépare sa campagne pour les élections européennes. Il s'investit à fond dans la préparation de cette échéance politique majeure pour lui et les formations politiques du pays. Cela n'est pas pour me rassurer... Chaque fois que Tapie entre en campagne politique, des événements troublants s'abattent sur nous...

Ce matin, 31 mars 1994, je suis à mon bureau en train de lire la presse de la semaine. Je feuillette le magazine *VSD*, je suis soudain saisi d'effroi par la découverte d'une photo : il s'agit d'une photo-montage présentant Tapie vêtu du costume de cérémonie du président de la République ! En commentaire, figure un sondage des intentions de vote des Français pour les prochaines élections présidentielles. En gros caractères : Rocard 35 %, Tapie 31 %. Le sondage précise en cas d'un deuxième tour entre Tapie et Chirac que les intentions de vote se répartiraient de la façon suivante : Tapie 44 %, Chirac 56 % !

Plus de doute possible, le patron de l'OM apparaît désormais comme un candidat légitime pour les élections présidentielles !

Je me demande pourquoi ce sondage oppose Rocard à Tapie, alors que le candidat pressenti de la gauche est Jacques Delors. Or, ce dernier devance largement Tapie en cas de primaire au premier tour : 55 % d'intentions de vote pour Delors contre 26 % pour Tapie.

Cette présentation m'apparaît tendancieuse. En tout cas, elle semble cacher quelque chose... D'ailleurs, comme je l'apprendrai au cours de la journée, cet article a rendu furieux Tapie qui dément ses intentions d'être candidat à l'élection présidentielle... Il n'empêche, cet article et cette photo ont frappé les esprits et la susceptibilité de certains...

Je referme le magazine et me bascule en arrière dans mon fauteuil, la tête entre les mains, je me dis : quel coup de massue allons-nous encore recevoir sur la tête, car cela ne présage rien de bon ? Dès lors, les ennemis politiques de Tapie vont sans doute réagir en frappant très fort...

Printemps 1994 :
élections européennes, cataclysmes en cascade

Le printemps 1994 sera chaud !

Tapie vient d'être élu conseiller général aux élections cantonales, en mars de cette année. Il se prépare toujours pour les élections européennes. Les sondages lui prêtent de fortes intentions de vote.

Je redoute cette période de campagne électorale. Les enjeux politiques sont cruciaux : Tapie mène sa propre liste sous l'étiquette Energie radicale, distincte de celle du PS dirigée par Michel Rocard...

Alors que l'instruction judiciaire des comptes de l'OM était en sommeil depuis des mois, le juge d'instruction Philipon a lancé au cours de l'été 1993 de nombreuses commissions rogatoires internationales en urgence, dont les premières sont déjà versées au dossier ! Ça ne traîne pas...

Les mois d'avril, mai et juin 1994 sont abominables.

En avril, les premières mises en examen dans l'affaire des comptes de l'OM tombent. D'abord Tapie, puis Bernès. Pour ma part, je reçois une convocation du juge Philipon pour le 11 avril, à 17 h 30. Ce jour-là, le juge me notifie ma mise en examen sans aborder le dossier sur le fond.

Le 22 avril, la réunion du conseil fédéral de la FFF est à marquer dans la mémoire des historiens de cette affaire : outre qu'elle prononce contre Bernès sa suspension à vie de toute activité dans le football, elle décide également de rétrograder l'OM en deuxième division pour la saison 1994-1995. Enfin, dernière mesure sympathique, cette même réunion du conseil fédéral interdit à Tapie d'exercer toute fonction dirigeante à l'OM à partir du 20 juin prochain au plus tard...

Les conséquences financières et psychologiques de cette rétrogradation seront énormes, car elles s'ajoutent aux pertes engendrées par les sanctions d'interdiction de compétitions internationales prises contre le club en septembre 1993. Or, notre plan de restructuration porte ses fruits. Nous respectons nos engagements et budgets. Nous sommes en train de gagner notre pari de redresser l'OM. Cette nouvelle sanction va entraîner une perte supplémentaire d'environ 50 millions à l'OM. Ainsi le cumul du manque à gagner net en termes de bénéfice de l'ensemble de ces sanctions peut-il être estimé à plus de 160 millions de francs. Ce nouveau coup risque d'être fatal...

La pression devient particulièrement insoutenable.

En plus de ses soucis judiciaires à Marseille, Tapie doit affronter d'autres épreuves avec son groupe BTF, notamment pour l'affaire du *Phocéa*[1] et celle de la société Testut/Trévou[2], pour lesquelles Tapie sera mis en examen. Dans cette dernière affaire, Elie Fellous, le P-DG du groupe BTF, est également mis en examen, puis en détention provisoire pendant quinze jours. En ce mois d'avril, Elie Fellous ayant démissionné de tous ses mandats et fonctions, je me retrouve en direct avec Tapie aux commandes de l'OM hormis le domaine strictement sportif.

Cela n'empêche pas le patron de l'OM de poursuivre avec rage son combat politique.

Dès lors, les coïncidences mystérieuses vont s'enchaîner à un rythme tel que tout semble irréel.

1. Le 19 avril, une information judiciaire contre X est ouverte à Paris sur la gestion de son yacht le *Phocéa* qui va déclencher la mise en examen de Tapie pour « abus de biens sociaux et fraude fiscale ».

2. Il s'agit d'une affaire d'infraction financière qui aurait pu être banale en d'autres circonstances, mais qui, dans ce climat inflationniste des procédures judiciaires, participe à la tentative d'affaiblissement de Tapie. D'ailleurs, cette affaire va entraîner la démission de Fellous, principal collaborateur de Tapie, de la direction du groupe BTF, ce qui va l'affaiblir davantage encore.

Tapie continue de monter dans les sondages, alors que la justice l'encercle de toutes parts. Jour après jour, l'étau se resserre : perquisition au siège de Bernard Tapie Finance, perquisition à l'OM, nouveaux rebondissements dans l'affaire VA/OM, perquisition chez notre expert-comptable, contrôles fiscaux, tandis que le litige avec le Crédit Lyonnais commence à se durcir et compromettre les finances de Tapie.

A partir de début mai, après tous les coups déjà pris sur la tête, c'est maintenant la situation financière de l'OM qui fait l'objet d'attaques systématiques. La presse annonce l'agonie du club marseillais et son possible dépôt de bilan. Des chiffes énormes sont jetés en pâture à la curiosité du public.

OM : 300 millions de passif ! Le sujet est technique, une certaine presse se perd dans les notions comptables : pertes, passif, dettes, situation nette, tout est allègrement mélangé. Pourtant, j'explique ces notions : l'OM a un actif composé de la valeur des joueurs, des créances sur les contrats commerciaux... Mes efforts d'explications ne servent pas à grand-chose. Seuls les gros titres sont retenus.

Dans le contexte de crise que nous connaissons depuis l'été 1993, aggravé par les nouvelles affaires des mois avril et mai 1994, les annonces médiatiques auront un effet désastreux sur notre gestion.

Faisant suite à cette déferlante, le maire de Marseille prend, par voie de presse, une position très critique à notre égard. Le 13 mai, Jean-Louis Levreau, avec la talentueuse plume acérée qu'on lui connaît, lui répond de façon cinglante. Le bal de la guerre des communiqués est lancé. Robert Vigouroux vient de tomber clairement le masque : il fait de l'OM un enjeu majeur des prochaines élections municipales. Désormais tous les coups sont permis. Joyeuse ambiance en perspective...

Toujours ce même vendredi 13 mai, le tribunal de commerce de Marseille se saisit d'office pour examiner la situation financière de l'OM et désigne un juge enquêteur, Bernard de Noailles. Nous voyons d'un bon œil cette démarche qui permet l'examen de notre situation par une tierce personne au regard objectif. Cela va sans doute calmer le délire alentour. Dans le même temps, je me bats auprès de la DNCG pour défendre le budget de la saison 1994-1995. Face à ce climat atroce, je suis obligé de puiser dans mes réserves profondes pour garder la tête froide. Je dois tenir, être toujours à fond. Le temps presse...

Et puis, ce vendredi 13 mai, Michel Hidalgo est entendu pendant plus de trois heures par le juge Philipon sur l'affaire des comptes de l'OM pour laquelle il a été mis en examen en avril dernier.

Quoi d'autre encore ! Je ne sais plus... Si, j'allais presque oublier le plus important... quatre jours plus tard, le 17 mai exactement, c'est un des jours les plus funestes pour Tapie : le Crédit Lyonnais lui réclame le remboursement de l'ensemble des encours financiers ! Il risque faillite, saisies...

Malgré les attaques, nous arrivons à signer, le 30 mai, un moratoire qui prévoit l'étalement sur trois ans du remboursement de sa dette fiscale et sociale. Ce qui n'empêche pas, bien sûr, certaines personnes de faire la critique de cet accord auprès du ministre du Budget, Nicolas Sarkozy, qui va, le lendemain, justifier publiquement les raisons de ce moratoire.

31 mai : réunion à la DNCG... ça se passe mal. Nouvelle relégation en vue, pour raisons financières cette fois-ci.

Les Français viennent de passer aux urnes des élections européennes et un énorme coup de tonnerre retentit dans le paysage politique. Le score de Tapie le place à la troisième place des formations politiques du pays, à 1 % du PS ! L'homme le plus poursuivi par la justice et par le Crédit Lyonnais devient une force politique incontournable !

Tapie n'a pas le temps de goûter à sa victoire. Les affaires continuent de pleuvoir de plus belle. La presse excelle dans ses titres ravageurs.

A la vitesse où s'enchaînent les affaires, je me demande où tout cela peut nous conduire et quand cela va s'arrêter. Par où va arriver la prochaine attaque ? Et comment allons-nous pouvoir préparer le prochain début de saison ?

A la maison, l'ambiance se dégrade, je n'ai plus le temps de voir mes enfants. Je suis mobilisé presque nuit et jour, sept jours sur sept. Mon épouse m'épaule merveilleusement bien, mais la pression des affaires commence à l'effrayer. Les nuits sont agitées. Le matin je me lève la tête lourde, luttant pour ne pas me décourager.

Et où est le sport dans tout cela ? De ce côté, il va bien, même très bien... Sous l'autorité de Tapie, le staff dirigeant de l'OM est restreint à sa plus simple expression : alors que Jean-Louis Levreau s'occupe du domaine sportif, pour ma part, je m'occupe de tous les autres secteurs de notre activité. Cette équipe dirigeante resserrée se révèle efficace. Malgré le contexte difficile, l'OM termine la saison 1993-1994 deuxième du championnat de France ! N'en déplaise aux accusateurs de corruption et autres vilenies, même gravement attaqué, l'OM reste parmi les meilleurs...

Nous sommes bientôt au début de l'été 1994. Le combat a lieu sur tous les fronts...

Le vendredi 3 juin, à 8 heures, nouveau rendez-vous devant les juges du tribunal de commerce, accompagnés de notre avocat, le bâtonnier Henri Bollet, pour exposer la situation des comptes de l'OM.

Chaque jour, je suis entendu devant des commissions ou des juges.

Lundi 13 juin : tribunal de commerce, pour une nouvelle séance de travail.

Jeudi 16 et mardi 21 du même mois : commission d'appel de la DNCG qui stipule la rétrogradation de l'OM en seconde division[1]. Le recrutement des joueurs est désormais mis sous contrôle ; normalement, suite à la décision du conseil fédéral, Bernard Tapie n'est plus président de l'OM depuis le 20 juin, mais seulement du point de vue de la direction sportive, précise la FFF. Car sur le plan strictement juridique, il est toujours le mandataire social, donc

1. C'est le prétexte de la situation financière délicate de l'OM qui est invoqué dans cette nouvelle sanction sportive ; la précédente a été prononcée suite à l'affaire VA/OM.

président ! C'est simple, non ? La commission d'appel de la DNCG le convoque néanmoins pour l'entendre en tant que principal actionnaire et seule caution de l'OM. Par ailleurs, Tapie a fait appel de la sanction du conseil fédéral devant le CNOSF[1] ! En attendant, je compte les soldats disparus au combat : Tapie n'étant plus autorisé pour l'instant à exercer de fonction dirigeante à l'OM, Bernès, Hidalgo et Fellous n'étant plus là, restent alors en... première ligne : Levreau et Laroche ! Qui sera le prochain sur la liste des disparus ? Je ne peux m'empêcher de penser à cela sous forme d'une boutade. Oui, sauf que la suite prête moins à l'humour, ou alors un humour d'un genre foncièrement noir.

17 juin : Vigouroux intervient de nouveau dans la presse au sujet de l'OM. Dans ses propos se profile un plan de reprise du club marseillais sous l'égide providentielle de la mairie. L'explosion des affaires autour du club conforte sa stratégie. Mais ce climat d'hostilité générale à notre encontre est-il fortuit ? Pourquoi une telle convergence des faits sur des périodes si concentrées ?

Ce même jour, Bernard Tapie est entendu devant le tribunal de commerce.

La tension monte encore d'un cran. Des positions contradictoires émanant de la LNF font état d'une relégation en Nationale 1 (anciennement troisième division) dans le cas où le club marseillais viendrait à déposer le bilan. Le règlement de cette instance prévoit en effet la relégation automatique vers la division inférieure d'un club en situation de dépôt de bilan. Or, du fait que l'OM vient déjà de subir une rétrogradation en deuxième division pour la saison 1994-1995, il existe un risque de cumul des sanctions et non pas une confusion de celles-ci. Compliqué, n'est-ce pas ? Oui, je le concède volontiers. En tout cas, les positions des dirigeants du foot à ce sujet restent ambiguës. Peut-être ont-ils la migraine... ?

1. Comité national olympique et sportif français (CNOSF).

Peu importe, on va encore se battre pour démontrer que le dépôt de bilan n'est pas d'actualité !

Jeudi 23 juin, 9 h 30, tribunal de commerce, c'est un rendez-vous décisif. En accord avec Tapie, j'ai préparé un nouveau plan de restructuration qui paraît cohérent et convaincant. Nous avons encore des ressources...

Le même jour, la commission d'appel de la DNCG confirme la décision de rétrogradation du club en deuxième division. Par ailleurs, elle interdit parmi les recrutements de joueurs ceux qui vont réclamer le paiement d'indemnités de transfert. Elle nous laisse toutefois fonctionner dans le cadre du budget qui lui a été présenté ; le club sera dorénavant soumis à un contrôle mensuel de sa gestion. Ces restrictions de recrutement pourront, à titre exceptionnel, être revues en cas d'éléments nouveaux significatifs.

A la faveur de ces événements, Vigouroux persiste dans sa stratégie de conquête du club marseillais par tous les moyens. Weygand, président du conseil général, en appelle à l'Etat pour aider l'OM à trouver une solution.

Le combat politique s'amplifie...

Dans l'après-midi du même jour, le CNOSF déclare recevable la réclamation de Tapie pour sa réintégration comme dirigeant au sein du club. La sanction est donc suspendue. Tapie retrouve ainsi son poste de président de l'OM !

Puis, en fin de journée, heureuse surprise, la première depuis des mois, l'UEFA décide de réintégrer l'OM dans les compétitions européennes. Une fenêtre vient de s'ouvrir dans la grisaille généralisée.

Pour couronner la série noire de juin, le vendredi 24 juin, je comparais pour la première fois devant le juge d'instruction Philipon dans l'affaire des comptes de l'OM.

Lors de cette audition, qui dure plus de huit heures, pensant n'avoir rien à me reprocher et voulant aider l'instruction, je déclare spontanément au juge que je détiens des actions d'une société basée en Suisse : la société Hespérides. Je lui parle aussi de la société Ficonsult. Cette déclaration fera couler beaucoup d'encre. Loin d'être une caisse noire, cette société avait un projet d'activité commerciale normale. J'y reviendrai...

En fin de soirée, un de nos avocats, le bâtonnier Henri Bollet, m'appelle et, d'un ton confiant, me donne de bonnes nouvelles en provenance du tribunal de commerce. Elles seront confirmées la semaine suivante par le président du tribunal de commerce, qui déclare qu'il « n'est ni opportun ni nécessaire de déposer le bilan de l'OM, mais qu'il importe cependant de pouvoir suivre et contrôler l'évolution de la situation économique et financière du club ». Pierre Dubiton et Alain Bedon seront désignés juges enquêteurs aux côtés de Bernard Noailles. Après tout, même si l'œil transparent de la justice reste pointé sur l'OM, ces enquêteurs vont peut-être pouvoir m'épauler, quand ils constateront que je suis capable de continuer à tenir les engagements budgétaires pour l'OM. Après le communiqué du président du tribunal de commerce, Henri Bollet, tel un chirurgien qui vient de réussir une opération délicate, me lance d'un ton sentencieux : « De ma longue carrière, je n'ai jamais vu un dossier aussi difficile. Non par son aspect technique, mais par la complexité et les pressions de l'environnement... »

De son côté, Bernard Tapie est toujours autant sollicité : on le réclame comme vedette obligée d'assurer le grand show médiatique au bonheur des politiques et des patrons de presse, on le réclame aussi pour rendre des comptes à la justice. Monsieur Tapie ! Par ici ! La télévision, les banquiers, les huissiers, les contrôleurs, la police, les juges ! A qui le tour ? Et tout cela participe d'une messe funèbre que l'on exhibe à la face des Français pour entretenir un psychodrame médiatique orchestré autour du personnage que représente Tapie.

Je croyais que la série des problèmes de juin allait toucher à sa fin. Nous avions eu notre compte... Eh bien, non !

Le 28 juin, l'Assemblée nationale vote la levée de l'immunité parlementaire de Tapie dans l'affaire du *Phocéa*. Dès le lendemain, à 6 heures, il est interpellé à son domicile par la police. Comme d'habitude, ces opérations concernant Tapie font l'objet d'une surmédiatisation. Au bureau, apprenant la scène, nous échangeons Jean-Louis Levreau et moi un regard perplexe. Sans commentaire.

Je ne sais plus comment je fais pour tenir...

Vers la mi-juillet, je me rends au traditionnel tirage au sort des coupes européennes en compagnie de Jean-Louis Levreau. Là, nous rencontrons le président de l'UEFA, M. Johanson. L'homme nous fait part de son soutien, précisant qu'il apprécie Bernard Tapie pour son charisme et son énergie. M. Johanson estime que l'OM et ses dirigeants ont assez payé dans cette affaire aux contours peu évidents. Il nous encourage à construire un avenir meilleur pour l'OM.

Ainsi, malgré la charge de l'artillerie lourde, l'OM est encore vivant en cet été 1994 !

Du côté des finances, une fois encore l'OM trouve des solutions ; le budget prévisionnel pour la saison 1994-1995 se solde par un résultat positif grâce au plan de restructuration drastique que nous avons réussi à mettre en place.

Le championnat a repris ses droits et je constate que le taux d'abonnements est excellent.

Une première réunion de contrôle avec les juges enquêteurs a lieu le 22 août 1994, puis une seconde le 22 septembre, à l'issue de laquelle la preuve est faite de notre bonne gestion : respect du budget et du moratoire avec l'URSSAF et le fisc.

Après le vent de folie qui a soufflé depuis un an, surtout au cours du printemps, j'ai l'impression d'une certaine accalmie. Les feux sont en train de repasser au vert. Enfin, nous avons repris le contrôle du vaisseau OM. Vous pouvez détacher les ceintures, la zone de grosses turbulences est passée... Mais quelle chute vertigineuse nous venons de faire ! Allô ? La tour de contrôle... maintenant, ça va, nous reprenons de l'altitude ! Avec un soupir de soulagement, je me dis que l'OM est sauvé...

Automne 1994 : le coup de grâce

Sur le plan sportif cela va plutôt bien. L'OM bat d'ailleurs l'Olympiakos du Pirée à Athènes au premier tour de la coupe d'Europe. Dans le mauvais contexte général, c'est quand même un exploit. La culture de vainqueur semble s'être inscrite dans l'esprit du club. Tout cela confirme mes prévisions optimistes.

A côté des manœuvres politiques douteuses, le sport continue et c'est heureux. Il faut se souvenir qu'il s'agit au départ d'un combat mené sur un terrain de sport.

L'OM rencontre l'équipe de Sion au second tour de la coupe d'Europe, et perd le match 2 à 1. C'est une grande déception. Car si le club marseillais avait continué loin dans cette compétition, il pouvait toutefois espérer renouer avec le succès financier comme à la période de OM Premier, même au risque de déplaire à certains...

Malgré les nombreuses affaires qui l'occupent à Paris, Tapie suit de près la compétition sportive. Va-t-il s'en sortir ? Tous ensemble, pourrons-nous redonner à l'OM un destin de roi ? Nous sommes de ceux qui ne lâchent jamais le morceau...

Mes rapports avec les juges enquêteurs du tribunal de commerce sont corrects. M. Dubiton est un homme d'une grande rigueur, connaissant parfaitement son métier. Je le crois sincère et discret. Mardi 29 octobre, je suis en commission devant les juges enquêteurs qui confirment la bonne tenue de notre gestion.

Pendant ce temps, les contrôleurs de la DNCG vérifient

eux aussi la régularité de nos comptes, plus le contrôle fiscal, plus notre commissaire aux comptes, plus celui de la mairie... Oui, il y a toujours un œil qui veille sur nous. Je suis sûrement un des directeurs financiers les plus contrôlés de France. Mis à part la charge de travail supplémentaire et ces contrôles, tout se présente bien. Autour de nous règne un certain calme qui contraste avec les rugissements de l'ouragan des mois derniers.

C'est alors que se produisit un événement étrange, qui, plus tard, donnera un sens à cette incroyable affaire...

Fin octobre 94, quelques mois avant les élections présidentielles et municipales, je suis contacté par une personne qui se présente au nom de partenaires financiers désireux d'investir dans le capital de l'OM. A l'époque, il n'est pas rare que je reçoive des appels de cette nature. Bien qu'étant échaudé par les récentes promesses d'investisseurs fantômes, je ne veux négliger aucune piste susceptible de favoriser le redressement du club marseillais. J'accepte de rencontrer ce messager dans un grand hôtel parisien. Nous commençons l'entretien. Cette personne me confirme l'offre d'un groupe d'investisseurs désireux de prendre une participation financière dans l'OM à un niveau important. Puis elle ajoute :

— Il est évident que cette opération ne peut pas se faire si M. Tapie reste à l'OM. La politique et le sport ne font pas bon ménage ; en ce moment, il y a des enjeux politiques importants...

Bref, en un mot, il me fait comprendre qu'il serait bien vu que je lui donne des informations sensibles concernant Tapie. Bien entendu, « on » me serait reconnaissant.

— Soyez clair, vous me demandez des informations pour faire tomber Tapie ?

— En quelque sorte.

Sans l'ombre d'une hésitation, je refuse le « marché », non pas que je sois aveuglé par mon respect pour Tapie, mais simplement je ne sais pas trahir. Je ne l'ai jamais fait. Ce n'est pas dans mon éthique. Je poursuis :

— Votre demande est malvenue. Je souhaite continuer

ma carrière à l'OM. Si j'avais la moindre capacité à trahir, je l'aurais fait bien avant au plus fort de la tempête. Enfin, si j'acceptais votre offre, comment pourriez-vous ensuite me faire confiance, vous et vos partenaires ? Qui a trahi, trahira, n'est-ce pas ? Tant que je resterai à l'OM, je ferai le maximum pour sauver le club qui, aujourd'hui, se porte nettement mieux. Si vous m'aviez mieux connu, vous ne m'auriez jamais fait cette proposition... L'entretien est terminé, monsieur.

Mon interlocuteur tente de me convaincre, soulignant les aléas de la situation actuelle et la fragilité du club et de son président.

— Entretien terminé ! lui dis-je en réponse.

Devant son échec, il lâche :

— Je regrette votre position, mais je la comprends... C'est regrettable pour vous. On aurait pu faire du bon travail... Au revoir, monsieur Laroche.

Notre conversation s'était déroulée en des termes corrects, sans pression ni menaces directes. Tout par allusion, à moi de comprendre entre les lignes...

Cette proposition était-elle sérieuse ou s'agissait-il d'une intox ? Je ne sais que croire et je n'aurai pas beaucoup de temps pour y réfléchir. Les événements vont se précipiter.

Lundi 21 novembre, Bernard Tapie et moi rencontrons le juge enquêteur Pierre Dubiton. La réunion se déroule dans un climat plutôt courtois. M. Dubiton indique à Tapie que l'ensemble des budgets de l'OM a été respecté et que la situation financière correspond aux prévisions. A ma grande surprise, M. Dubiton ne craint pas de complimenter Bernard Tapie pour la façon dont cette crise a été gérée. Devant mon patron, il me félicite pour mon travail, il félicite également tous les collaborateurs du club avec lesquels il a été en contact. Par ces temps de fortes houles, ce genre de compliment est rare. Nous l'apprécions à sa juste valeur. Vraiment, tout va bien, c'est ce que je ressens à ce moment-là. Je suis alors assez fier des résultats obtenus après les efforts consentis pour nous sortir de l'enfer vécu depuis juin 1993.

Après notre réunion avec M. Dubiton, Tapie paraît très satisfait et me le fait savoir : « Bravo, Laroche ! » Jean-Louis Levreau quitte pour l'occasion le triste masque qu'il porte depuis des mois de stress. Nous tenons le conseil d'administration de l'OM dans une atmosphère agréable, d'une grande rareté en ces temps agités. Ce jour-là, je signe avec Jean-Louis Levreau les derniers paiements dus à Jean-Pierre Bernès au titre de la transaction amiable de son licenciement.

Je quitte les bureaux de l'OM, pensant à ma deuxième audition le lendemain chez le juge Philipon. A l'approche du rendez-vous, je suis un peu tendu. Mon avocate s'est vu refuser le report de l'audition, malgré une plaidoirie importante qu'elle doit assurer le même jour. En général, les avocats et les juges arrivent à s'entendre pour les plannings, sauf urgence extrême...

Dès les premiers instants de mon audition, je remarque que le ton du juge s'est quelque peu durci. Rapidement, il me parle de la société Hespérides dont je lui avais spontanément fait mention lors de ma première comparution. Je lui explique de nouveau les faits, il s'agit d'une société dont j'étais actionnaire avec M. Karageorgis. Celui-ci a versé en deux fois, sur ses fonds propres, un apport d'un montant d'environ 300 000 francs à Hespérides en prévision d'opérations commerciales. Toutefois, l'activité n'ayant finalement pas été développée, la société est restée en sommeil, la mise de fonds initiale est d'ailleurs immobilisée sur les comptes de la société.

Convaincu que cette société est la caisse noire de l'OM, le juge me presse d'avouer. Bien sûr, je conteste. Je lui explique que tous les paiements concernant l'activité de l'OM ont été inscrits en comptabilité, ce qui est confirmé par les divers contrôles.

Mes explications lui paraissent insuffisantes. Alors, d'un coup, me fixant droit dans les yeux, il me notifie sa décision de me mettre sous contrôle judiciaire avec interdiction de travailler à l'OM ! Je suis littéralement abattu...

Le juge m'observe du coin de l'œil, puis, après m'avoir laissé ruminer ma douleur, il me demande si je souhaite modifier mes déclarations au sujet de l'existence d'une supposée caisse noire à l'OM. Selon ma réponse, la décision du contrôle judiciaire pourrait être modifiée... Quelle que soit la gravité de la situation, je ne vais pas changer ma version pour obtenir un traitement plus favorable. J'ai déjà dit la vérité, c'est tout.

Je sors du bureau du juge et me retrouve dans la rue ; les passants, les rues, les magasins, tout me semble sans vie. Voilà, je suis mis sur la touche... C'est fini. Je me dirige vers mon bureau comme un automate et m'arrête d'un coup : impossible ! le juge m'a interdit de retourner dans nos locaux. Je suis mis en quarantaine. Il ne m'a même pas autorisé à passer au bureau pour récupérer mes affaires personnelles.

Dès lors, qui va diriger le club ? Certes, nul n'est irremplaçable, mais dans le contexte actuel de crise, compte tenu de la complexité des dossiers, je ne vois pas qui pourrait me remplacer au pied levé et ingurgiter mes connaissances accumulées depuis sept ans, sans information ni accompagnement de ma part.

En réalité, cette interdiction signe l'arrêt de mort de l'OM. Le juge aurait pu m'interdire des fonctions de direction et de représentation, me retirer les délégations de signatures, voire placer mes actes de gestion sous le contrôle de la justice, ça oui, pourquoi pas... mais m'empêcher de travailler alors que je suis le seul à connaître les dossiers économiques et financiers de l'OM en cette période très délicate, ça non !

Comment vais-je payer ma caution, étant dorénavant sans emploi ?

En quelques instants, je passe du tout au rien. Je suis purement et simplement éjecté du vaisseau OM.

Je suis dans l'immensité du néant à regarder s'éloigner le

vaisseau. Le prochain nom figurant sur la liste des disparus de l'OM dans l'océan des affaires, c'était donc moi...

Pendant ce même temps, Bernard Tapie se bat contre des problèmes bien plus graves encore...

Et ce qui devait arriver arriva...

Le 30 novembre 1994, Tapie est mis en redressement judiciaire, situation qui peut lui laisser une chance de rétablissement s'il propose au tribunal un plan de poursuite d'activité. Sauf que...

Le tribunal de commerce de Paris donne le coup de grâce et prononce la liquidation judiciaire personnelle de Bernard Tapie deux semaines plus tard, le 14 décembre 1994. Cette grave décision prive d'un seul coup Tapie de beaucoup de choses : il devient inéligible, tous ses biens sont saisis, il perd tous ses mandats sociaux, donc la présidence de l'OM.

En l'espace de quelques jours, le club se retrouve presque orphelin. Seul Jean-Louis Levreau, en courageux capitaine, reste aux commandes du vaisseau qui sombre dans les eaux glacées d'une mise à mort... annoncée.

Alors que l'OM s'apprêtait à se redresser, voilà qu'il plonge maintenant vers les abysses. Quelle entreprise en convalescence pourrait résister à la disparition brutale de tous ses principaux dirigeants ?

En toute logique, M. Dubiton comprend rapidement qu'il sera impossible pour l'OM de poursuivre son activité. Quatre mois plus tard, courant avril, il constate avec ses collègues la cessation de paiement de l'OM et propose que le tribunal de commerce se saisisse d'office, à moins que les nouveaux dirigeants ne déposent eux-mêmes le bilan du club marseillais.

Impuissant, j'assiste à l'agonie du club que j'ai tant aimé et défendu au-delà des limites du raisonnable. Aujourd'hui encore, j'éprouve comme un sentiment d'injustice. Nous avons mené un terrible combat, nous avons produit tant d'efforts, nous nous sommes saignés... et nous sommes aujourd'hui expulsés des terres de l'OM si chères à notre cœur.

Triste épilogue à tous niveaux, car, malgré l'aide sincère de certains politiques, de quelques fonctionnaires et autres fidèles partenaires, malgré un redressement spectaculaire sur le plan financier et de bonnes prestations sportives, le vaisseau OM va finir de sombrer fin mars 1995.

Le 24 mai 1995, la société d'économie mixte à majorité contrôlée par la mairie et concoctée depuis plusieurs mois par le maire, M. Vigouroux, reprend le club marseillais dans le cadre d'un plan de cession.

Tapie a été éliminé de la partie par sa mise en faillite personnelle, Vigouroux par les électeurs marseillais. Du féroce combat qui a opposé Vigouroux à Tapie, c'est finalement Gaudin qui ramasse la mise. Voilà une belle leçon de stratégie politique.

Entre-temps, fin février 1995, je suis appelé comme témoin au procès de l'affaire VA/OM. A la demande de Jean-Pierre Bernès, j'ai été en effet cité comme témoin avec d'autres dirigeants de l'OM. Pour être à l'heure le lundi 13 mars 1995, jour du procès, je prends, la veille, l'avion à l'aéroport de Marseille.

Dans la zone d'embarquement, je rencontre Jean-Pierre Bernès. Le visage fatigué, le teint gris, il me prend à part :

— Alain, j'ai besoin d'un coup de main. J'ai changé mon fusil d'épaule. Pour ma stratégie de défense, j'aimerais que tu mentionnes au juge que tu étais présent auprès de Tapie quand il me donna instruction, la veille après-midi du match, de verser de l'argent aux joueurs de Valenciennes pour les corrompre.

— Non, Jean-Pierre, c'est faux. Tu peux me demander beaucoup, mais pas de mentir.

Bernès a les nerfs à vif... La discussion s'arrête net.

Je ne sais comment il a pu penser que j'allais accepter de faire un faux témoignage qui, par ailleurs, ne pouvait pas tenir debout du fait de l'emploi du temps de Tapie ce fameux 19 mai 1993 après-midi.

Le lendemain, le procès débute. Je suis interloqué par le nombre de journalistes présents, par leurs déchaînements pour obtenir un mot. Je ne suis pas un spécialiste des chroniques judiciaires, mais celle-ci me paraît être une des plus importantes du XXe siècle sur le plan médiatique.

Lorsque je témoigne, je confirme en tous points ce que j'ai déjà indiqué aux enquêteurs du SRPJ : je n'ai jamais entendu parler de corruption avant l'affaire de Valenciennes. En tout état de cause, l'argent n'a pas été fourni par l'OM. A ma connaissance, aucun dirigeant du club n'est concerné par ce dossier. Enfin, je ne peux pas confirmer la version de Bernès qui prétend avoir eu un échange téléphonique avec Tapie le 19 mai 1993 après-midi au sujet de l'ordre de corruption. Jean-Louis Levreau, également convoqué comme témoin, confirme à peu près la même chose.

21 juin 1995 : vivre en prison

Le téléphone sonne, je décroche et j'entends une voix brisée à l'autre bout du fil : « Allô ? Alain, c'est Bernard Tapie. Vous souvenez-vous de ce que vous m'aviez dit en juillet 1993, chez moi ? Oui ? C'est vous qui aviez raison, ils ont gagné. Salut. » Sur ces mots, je sursaute et me réveille. J'ouvre doucement les yeux, j'ai le cœur qui bat à 200, je panique... Que s'est-il passé ? Où suis-je ? Je marque un long temps d'arrêt pour retrouver mes esprits...

Pris d'une grande lassitude, je tente de me souvenir des scènes mouvementées que je viens de vivre pendant mon sommeil. Extraordinaire histoire ? Dramatique histoire ? Je ne sais quoi penser.

Les yeux tout à fait ouverts, me voici de nouveau plongé dans cet univers de la prison.

C'est le 21 juin, 6 h 30, à la maison d'arrêt des Baumettes

Les pensées embrumées, je me lève, je suis un peu reposé, je me dégourdis les jambes en faisant des aller et retour de fourmi dans cet espace réduit. J'ouvre le robinet et m'asperge d'eau froide.

Au-dessus du lavabo, je découvre deux attaches sur le mur qui indiquent la présence d'un miroir autrefois. Après tout, tant mieux, je ne verrai pas mon visage qui doit être bien défait... Mais je veux garder un semblant d'allure humaine. Je me rase sans glace, à l'eau froide et je me coupe le visage accidentellement. J'ai un peu faim, je suis pratiquement resté trente-six heures sans prendre un repas normal, depuis que l'inspecteur Leloup est venu m'arrêter à mon domicile. Je fouille dans le paquetage remis la veille et je trouve une madeleine, de la compote. Même si la saveur est médiocre, je prends le temps de déguster les aliments. Je trouve aussi un sachet de café soluble, mais que faire de cela sans eau chaude ?

Il est 7 heures. Tiens ? Je pense aux enfants qui doivent se préparer en ce moment pour aller au collège, à ma femme qui n'a pas dû dormir. Dans quel état d'esprit sont-ils ?

Soudain, la porte s'ouvre :

— A la douche ! clame un surveillant.

Je m'empare de la minuscule serviette, du savon, et je me laisse guider par le surveillant.

Après la douche, retour à la cellule. Encore l'attente. Puis commence le circuit des « arrivants ». Accompagné de six autres détenus arrivés la veille, je suis conduit au rez-de-chaussée dans une salle équipée d'un magnétoscope. Le surveillant déclenche le film vidéo qui explique le règlement de la prison. Durée de la séance : une bonne demi-heure. A la fin du film, je ne suis guère plus avancé qu'auparavant. Couvent en moi l'angoisse de la prison et une froide révolte contre cette décision qui me semble injuste et disproportionnée... Puis c'est la visite à un gradé pour les questions administratives. Puis la visite médicale. Puis la visite à l'assistante sociale, seule personne jusqu'à maintenant qui me communique des informations utiles sur la prison.

— Voulez-vous quelque chose en particulier ? dit-elle.

— Oui, du papier et un crayon.

Elle peut me donner du papier, mais elle n'a pas de crayon. Ensuite je remonte à l'étage de ma cellule d'attente. Là, je demande à un gradé :

— Vous avez un crayon ?

— Non, il faut « cantiner », réplique-t-il.

J'ignore le sens de ce mot. Il m'explique que tout ici s'obtient à la cantine.

La cantine, c'est un magasin géré par l'administration pénitentiaire. Pour acheter quelque chose, c'est en réalité un point de passage obligatoire, car le détenu ne peut rien recevoir de l'extérieur sauf les vêtements et la presse.

Aimablement, le gradé me fournit un bon de cantine, j'aurai mon crayon sous soixante-douze heures ! Un jeune détenu affecté au service entend la conversation et, spontanément, me tend un stylo. J'en suis très touché. En prison, je découvrirai souvent ce genre de gestes amicaux, de solidarité entre détenus. Ce stylo-bille me procure un grand plaisir. Plaisir simple.

A peine ai-je réintégré la cellule d'arrivée qu'un gardien me signale que je vais être transféré dans ma nouvelle cellule que je ne quitterais pas avant ma libération. Attente. On vient me chercher. Les distances me semblent longues. Le temps ne se compte plus, il se dilate sans repères. Arrivé au bâtiment D, je suis placé de nouveau dans une cellule de passage. Elle est vide, juste une chaise. Je pose mon paquetage et fais des aller et retour comme un lion en cage. Je vais découvrir ici la signification de cette expression... Peu après, j'entends frapper à la fenêtre de la cellule. Derrière les barreaux, se dressent les visages de détenus qui sont en promenade dans la cour. Ils m'ont reconnu et veulent me parler.

— Venez voir les gars ! C'est Laroche de l'OM !

En quelques minutes, c'est l'attroupement derrière la fenêtre. Tous me pressent de questions : « Oui ! Pourquoi ? C'est injuste ! Comment il est Tapie ? C'est un dur, non ? Vous tenez le coup ? Et l'équipe ? Comment elle sera l'année prochaine ? »

Cette discussion amicale atténue mes craintes, j'ai entendu tellement de choses monstrueuses sur les relations humaines dans le monde carcéral.

Les détenus m'encouragent à tenir le coup, à garder le moral. Mes réponses sont brèves, je ne sais trop quoi dire, je suis paumé et je ne veux provoquer aucun incident à cause d'une parole malheureuse, je ne connais rien de cet univers. J'aimerais les aider ; auparavant mon métier était d'organiser, de répondre aux demandes des autres. Au contraire, là, ce sont les détenus qui m'apportent une aide précieuse. Ils sont bien mieux organisés que moi.

La porte s'ouvre, le surveillant me demande de le suivre.

Je salue les détenus de l'autre côté de la fenêtre : « A bientôt peut-être. »

Je suis emmené dans le bureau de l'administration où je rencontre les responsables du bâtiment D : le surveillant-chef et ses adjoints m'expliquent le fonctionnement du bloc. Puis le directeur du bâtiment se présente. Je sens chez eux une certaine gentillesse et de la compassion. Ils ont l'air éberlué de me voir ici... moi aussi d'ailleurs !

On me demande si je souhaite être en quartier d'isolement, expression que je ne connais pas. Ils m'expliquent qu'il s'agit d'une détention particulière, retirée des activités habituelles de la prison et du contact avec les autres détenus. Celui qui bénéficie de ce régime spécial est accompagné par un surveillant lors de tous ses déplacements. Sur le ton de l'humour, dont j'essaie de ne pas trop me départir, je leur dis : vous connaissez mieux la maison que moi, alors je me conformerai à ce que vous pensez être le plus adapté à ma situation. Ensuite, les gradés me recommandent de respecter les règles. Dans ce cas, tout devrait se passer correctement...

On me transfère au quatrième étage du bâtiment D et je découvre ce que sera mon univers. Pour combien de temps ? Je ne sais pas. Ne pas savoir, c'est aussi une torture. Dans les prisons, il existe comme dans la société une différence de classe. Certains bâtiments sont dans un état de délabrement inouï. Les murs sont pleins de moisissure et de salpêtre. Dans les cellules, la cuvette du lavabo sert également de wc. Plus j'avance dans ce tunnel, plus je remarque les bruits de la prison, le claquement des gâches électriques, le tchak ! tchak ! sourd et sec des serrures, le cliquetis des trousseau de clefs. L'énorme vacarme fait par les surveillants qui vérifient les barreaux en tapant dessus à l'aide d'une barre de fer, daung ! daung ! daung ! Un barreau scié ou descellé ne donne pas le même son que son voisin en bon état. Ce sont de telles harmonies musicales qui vont rythmer en partie ma vie de détenu.

Les mouvements physiques d'un détenu sont toujours suspendus aux ordres des surveillants, aux portes qui s'ouvrent ou se ferment, aux points de contrôle. Ainsi, entre musique des barreaux et mouvements de portes s'organise l'insolite bal quotidien de la prison.

J'ai de la chance. Le bâtiment D est plutôt d'un aspect moins hostile que prévu. Je découvre encore et encore les escaliers, les barreaux, les points de contrôle, les larges couloirs où défilent les portes des cellules peintes d'une sorte de jaune criard. Soudain, le surveillant s'arrête :

— C'est là, me dit-il.

Il inscrit mon nom sur une bande de papier qu'il fait glisser dans l'emplacement réservé à cet effet sur la porte de ma cellule face à laquelle je me tiens debout, immobile, le regard perdu.

J'entre et me rends compte avec une joie molle qu'elle est bien plus propre que la précédente... Je suis un peu rassuré. La fenêtre donne sur la cour intérieure du bâtiment D. Au-delà du mirador, j'aperçois à l'horizon les collines de Marseille où débute la si belle côte des calanques de Sormiou.

Je dépose à peine mon paquetage, la porte s'ouvre déjà :

— La gamelle !

Je me retourne un peu étonné. La gamelle ? Oui, la gamelle, c'est en fait les repas apportés aux détenus, car ici on ne sort pas des cellules pour se restaurer. La nourriture est transportée dans de grands bacs sur des chariots. L'aspect extérieur de cette gamelle n'est guère ragoûtant, mais bon... Mon premier repas est constitué de viande bouillie, haricots verts, morceau de gruyère et un yaourt. Le surveillant m'explique que je dois être prêt et tendre mon assiette dès que la porte s'ouvre, sinon il s'en va... « Gamelle express ! » ne puis-je m'empêcher de penser.

Je mange le repas, la viande est acceptable mais froide. Le très long parcours des cuisines aux cellules laisse le temps aux aliments de refroidir. C'est pourquoi les détenus sont presque tous équipés de plaques chauffantes.

Peu à peu, j'observe ma cellule : une surface d'environ neuf mètres carrés. Une porte sans poignée, équipée d'un œilleton pour la surveillance. Près de la porte, les vestiges d'un interphone hors d'usage depuis bien longtemps. La fenêtre métallique de forme hexagonale et les barreaux.

L'après-midi, je fais la promenade. Dans la cour, les détenus viennent en grappe autour de moi. Comme ce matin, je suis assailli de questions. Je leur parle du foot, de l'OM, de Tapie, de la finale contre le Milan AC. Certains détenus influents font le ménage autour de moi pour que les autres me laissent respirer, puis ils m'éclairent un peu sur les règles de vie entre détenus.

Après la promenade, j'ai droit à la douche. Là aussi, il vaut mieux être prêt quand la porte s'ouvre. Sinon, on passera la prochaine fois... La douche a lieu tous les deux jours. Mais sur ce point, les surveillants sont assez souples. Si le détenu ne pose pas de problème, il peut avoir une douche presque tous les jours ! C'est quand même un comble que cet acte d'hygiène élémentaire soit une forme de récompense en 1995. Manque de personnel, me dit-on... En fait, les douches sont aussi des cellules aménagées. On y est enfermé à clef. En dehors des promenades et des activités, il n'y a aucun contact entre les détenus dans la prison. Seules les douches réunissent ensemble quatre ou cinq détenus. En général, les surveillants s'arrangent pour les trier avant le passage à la douche de manière à éviter les conflits ou les bagarres.

De retour à ma cellule, je découvre en entrant un petit carton. Je regarde son contenu : un tee-shirt, un pantalon de survêtement, du chocolat, diverses conserves, des biscuits... Je suis intrigué. Il y a aussi un petit papier sur lequel il est écrit : « de la part d'amis qui vous veulent du bien. Signé J... et d'autres noms ».

Je suis stupéfait et terriblement touché par ce geste. L'aiguille de mon baromètre intérieur vient de passer d'un coup sur le beau fixe... Toujours cette même relativité des choses...

Je suis interrompu dans mes réflexions par le battement de la porte qui s'ouvre. C'est la « gamelle express ». Je lâche tout et me précipite avec mon assiette en verre transparent. Ouf ! c'était juste... l'express allait partir...

Je suis dans ma cellule. Il est environ 19 h 30. Je cherche à me détendre. Pas facile. Je m'allonge un instant, puis me relève et m'assieds sur le bord du lit. Je regarde mes pieds, je lève la tête, puis je regarde de nouveau mes pieds. Je me relève, tourne en rond, je pense à ce que font mes enfants en ce moment. Pas une minute depuis ce matin l'image de mes enfants et de ma femme ne m'a quitté. Je suis comme un esprit près d'eux. Je m'allonge sur le lit, me frottant le visage avec mes mains. Soudain j'entends une voix par la fenêtre restée ouverte à cause de la chaleur :

— Monsieur Laroche !

Je m'approche de la fenêtre.

— Oui ?

— Vous aimez les pâtes ?

— Oui !

— Tendez la main à travers les barreaux !

— Qu'allez-vous faire ?

— Ne vous inquiétez pas. On vous envoie le yoyo !

— Qu'est-ce que c'est ?

— Vous allez voir !

Je passe mon bras à travers la fenêtre. Une cordelette lancée d'une cellule voisine s'enroule soudain autour de mon poignet.

— Et maintenant, vous tirez !

Au bout de la corde, dans un sac plastique, je trouve un récipient contenant des pâtes à l'italienne, chaudes et délicieuses. Ce geste me va droit au cœur. Je déguste le plat. J'avais faim, car la gamelle du soir n'a pas satisfait mon appétit et elle est déjà loin. 17 h 30, c'est vraiment tôt pour mon estomac peu habitué à ces horaires. Quand j'étais actif, cette heure signalait le début de ma deuxième partie d'après-midi. Grâce à ces attentions, je me sens rassuré et je parviens à trouver un sommeil réparateur, malgré les jets puissants du projecteur de surveillance qui inonde la pièce depuis le mirador situé presque en face de ma cellule.

Le lendemain je dois être « extrait [1] » de la cellule pour

1. C'est la formule réglementaire.

être confronté à 11 heures au juge Philipon : on va débattre de ma libération. Pour ce faire, je suis réveillé à 5 heures. Je suis en sens inverse le chemin accompli la veille : divers points de contrôles internes, vestiaire, fouille, cellule intermédiaire, attente, menottes, transfert, palais de justice, geôle puante. Tout cela de 6 heures à 11 heures.

Arrivé dans les petites geôles près du cabinet du juge, mes avocats m'apprennent que mes beaux-parents, modestes retraités, ont vendu leur plan d'épargne pour payer ma caution. Optimiste, je les regarde, pensant que je vais être enfin libéré. Mais, en retour, leurs regards appellent à la prudence. Ils ont l'expérience de ces situations et de la puis sance d'un juge d'instruction.

Après une attente assez longue le juge me reçoit :

— Pourquoi n'avez-vous pas payé la caution auparavant ?

— Ce n'est pas moi qui ai payé la caution, ce sont mes beaux-parents qui viennent de casser leurs économies d'une vie entière de modestes salariés... Je ne me sentais pas le courage de le leur demander car ce n'est pas juste.

Le juge semble un instant déstabilisé par ma réponse, puis il dit :

— Néanmoins, j'envisage votre maintien en détention.

— Pourquoi, puisque la caution est payée ?

En guise de réponse, il s'adresse au procureur :

— Quelles sont vos réquisitions, madame le procureur ?

Le substitut du procureur, Mme Kitanoff, en charge du suivi du dossier, s'exprime alors :

— La caution est payée, alors je ne requiers pas le maintien en détention de monsieur Laroche.

Ai-je bien entendu ? Comme un écho, j'entends résonner la phrase : « ... Je ne requiers pas l'incarcération... »

Ce fut bref mais terriblement percutant. Ses mots vibrent encore dans mes oreilles comme les trompettes d'*Aïda*.

C'est bon, je vais sortir ! Je suis libre ! J'ai l'impression que l'on vient de souffler dans mes poumons des centaines de litres d'oxygène pur.

Ensuite, selon la procédure, les avocats plaident, soulignant l'inutilité et l'iniquité de mon maintien en détention.

Le juge demande un délai de réflexion. J'attends plus d'une heure dans les petites geôles au bout du couloir, en compagnie de mes avocats et sous l'œil des policiers affectés à ma surveillance.

C'est horriblement long. Trop long. Pourtant, c'est clair, la caution a été payée, le procureur ne demande pas mon incarcération, alors ? Anne Milon de Peillon et Frédéric Monneret trouvent cela anormal, ils vont aux nouvelles... Rien, le juge prépare son ordonnance...

Enfin, je suis appelé à retourner devant le juge :

— J'ai réfléchi, dit-il, je vous maintiens en détention. Il faut protéger les témoins, les preuves, éviter les pressions.

— Monsieur le juge, le dossier est ouvert depuis longtemps. J'ai obéi à toutes vos convocations, je n'ai jamais été violent, je n'ai jamais eu le moindre signe d'irrespect à votre égard. J'habite Marseille, j'ai une famille, mes enfants vont à l'école. Je ne pense pas avoir les caractéristiques de celui qui va s'enfuir dans la minute ou avoir un comportement violent. Quant aux preuves, elles sont saisies depuis longtemps par la police et à votre disposition dans des scellés, ici, au palais de justice. Je ne vais pas venir piller le bâtiment. Les relevés de comptes sont disponibles dans les banques. Alors...

La réponse du juge Philipon me gifle le visage ; il se tourne vers les policiers :

— Veuillez le raccompagner en cellule ! ordonne-t-il

Je suis horrifié. Oui cette décision est inéquitable. Je n'ai été qu'un salarié de l'OM. Tapie, le patron, lui n'est pas mis en détention. Pourquoi ?

Quelque temps plus tard, lors d'une visite, mes avocats m'expliquent que le juge Philipon a fait preuve d'une grande habileté. Quand il se rend compte, à l'occasion de la précédente audition du 20 juin 1995, que je pourrais être en mesure de régler la caution, il sait qu'il devra trouver une autre raison pour justifier mon maintien en détention. Pour cela, il a besoin d'un fait nouveau, n'ayant rien trouvé de substantiel dans le dossier depuis mon audition, en novembre 1994. Ce fait nouveau, il le trouvera grâce à la collaboration de Jean-Pierre Bernès...

En effet, le lendemain de mon incarcération, par l'inspecteur Leloup, le juge fait délivrer à Bernès un mandat de comparution où il est précisé qu'à défaut de se présenter devant le juge un mandat d'amener lui sera délivré. Bonne mise en jambes psychologique, car jusqu'à présent les convocations ont toutes été signifiées par courrier. Bernès sait que je suis incarcéré, la pression pèse sur lui... Il a peur de retourner en prison...

Il se rend à l'audition du 30 juin 1995, à 9 h 30, et formule de nombreuses accusations contre Bernard Tapie, sur les pratiques financières occultes de l'OM, ajoutant que celles-ci n'ont pas été possibles sans ma complicité et celle des autres dirigeants. A l'issue de ces déclarations, prétendant se sentir menacé du fait de ses révélations, Bernès demande que sa sécurité soit assurée... Fait étrange, le procès-verbal mentionne une alerte à la bombe dans le palais de justice lors de l'audition...

Bernès met en cause lors de cette audition, entre autres, Bernard Tapie, Elie Fellous, Jean-Louis Levreau et moi-même. Les détails de ses accusations sont restés vagues.

Ainsi le juge détient-il le fait nouveau justifiant mon incarcération... C'est sur la foi de ce procès-verbal que la chambre d'accusation décide de maintenir ma détention avec la justification suivante : « Les récentes déclarations de Jean-Pierre Bernès, lors de son interrogatoire du 30 juin 1995, obligent cependant à procéder à une réévaluation des responsabilités au sein de l'OM et, notamment, celles d'Alain Laroche. De nouvelles auditions sont à envisager. (...) Ainsi la détention provisoire est maintenue à titre de sûreté. »

Lorsque, début juillet, mes avocats me feront part du planning des auditions prévues par le juge, bien des questions viendront me hanter...

Les deux dernières auditions sont prévues en octobre, notamment celle avec Jean-Pierre Bernès, programmée en dernière position, le 17 octobre. Pourtant, il est mon principal accusateur. Je suis en prison et le juge prend son temps... Curieusement, la confrontation avec Bernard Tapie n'est même pas envisagée. Son incarcération n'est pas non plus réclamée. Devant mes interrogations, mes avocats me dévoilent toute la subtilité de l'action du juge Philipon : si l'Assemblée nationale venait à refuser l'incarcération de Tapie[1], mis en examen comme auteur principal du délit, alors le juge serait contraint de me libérer, car ma détention apparaîtrait au grand public comme inéquitable et incohérente, étant simplement présumé complice, comme l'indique l'ordonnance de ma mise en examen.

Au sortir de mon audition, je prends conscience de cette stratégie judiciaire, je suis abasourdi. Je découvre l'étendue de ma candeur à ce sujet, et je ne suis pas au bout de mes découvertes... Bien sûr, ce que fait le juge est parfaitement légal. Les lois de la République française lui permettent d'agir ainsi, mais on peut penser toutefois que le législateur a conçu ces lois pour qu'elles puissent être appliquées à des faits bien plus graves où l'ordre public ou la sécurité des témoins peuvent réellement être menacés.

Au moment d'écrire ces lignes, je respire à fond pour prendre des forces. Ce n'est pas si facile d'en parler, même six ans après, quand on sait quelle sera ensuite ma condamnation... Je lève les yeux et mon regard tombe sur une reproduction, accrochée au mur, de la Déclaration des droits de l'homme et du citoyen, fondement de notre République, pour laquelle des hommes ont combattu, certains au prix de leur vie. Trois articles retiennent mon attention :

« Article 1 : Les hommes naissent et demeurent libres et égaux en droits...

« Article 9 : Tout homme étant présumé innocent jusqu'à ce qu'il ait été déclaré coupable, s'il est jugé indispensable de l'arrêter, toute rigueur qui ne serait pas nécessaire pour

1. Tapie étant député, il bénéficie d'une immunité parlementaire. Pour obtenir sa mise en examen, le juge doit demander à l'Assemblée nationale la levée de cette immunité.

s'assurer de sa personne doit être sévèrement réprimée par la loi.

« Article 16 : Toute société, dans laquelle la garantie des droits n'est pas assurée, ni la séparation des pouvoirs déterminée, n'a point de constitution. »

Que c'est beau, les grands principes... mais quand la pratique et la théorie se trouvent éloignées l'une de l'autre, alors on peut crier à l'injustice !

Je suis dépouillé de ma liberté et de mes droits fondamentaux de citoyen présumé innocent. Je suis enfermé tel un assassin. Pour combien de temps ? Impossible de savoir. Oui, cela est très dur. Au fur et à mesure que je pense à mon incarcération, je comprends qu'il s'agit d'un combat qui m'est imposé par le juge Philipon.

Déjà six jours que je suis détenu. Mon épouse a obtenu un droit de visite au parloir. On pourra se rencontrer durant vingt minutes. Je découvre le parcours du combattant que représente la visite au parloir. Une heure et demie auparavant, je quitte ma cellule, franchis les postes de contrôle, puis entre dans un local d'attente. Dans cet endroit exigu, vétuste, il n'est pas rare de compter jusqu'à une bonne cinquantaine de détenus entassés les uns sur les autres comme dans une rame de métro archibondée. Ce lieu est l'occasion pour les détenus isolés de se retrouver et de discuter. Il y a aussi les fouilles à répétition.

Le parloir est constitué de petits box en bois comportant une partie vitrée. Leur crasse repoussante s'ajoute à l'angoisse de retrouver un être cher dont on sait qu'il faudra le quitter quelques minutes après pour une période incertaine ; puis, il y a le contexte de ce lieu sordide, avilissant.

Les premiers regards, les premiers mots s'échangent avec peine. Dehors, mon épouse doit faire face à mille difficultés : des pressions, des sous-entendus sournois, les questions liées à l'éducation des enfants, les problèmes d'argent...

Tant de choses à se dire, si peu de temps pour les dire. Pourtant, je n'arrive pas à m'exprimer. Le parloir est souvent pour moi une épreuve cruelle, car je prends alors vraiment conscience de mon état de dépendance, de mes humiliations.

— Allez ! C'est l'heure ! lance le surveillant en ouvrant la porte du parloir.

Un dernier regard, un baiser volé. Et on se retourne.

Dans la grande pièce derrière les parloirs, c'est encore une nouvelle fouille, minutieuse celle-ci. Les surveillants exécutent leur métier toujours de façon aussi méthodique. Chacun son domaine. Parfois on croit deviner dans leurs yeux un sentiment de gêne, lorsqu'il s'agit de demander au détenu de se baisser et d'écarter les fesses... Eh bien oui, cette partie-là du corps peut faire office de cachette. Certains disent quelques mots réconfortants. Après le parloir, l'ambiance est sinistre. De nombreux détenus se mettent à pleurer. C'est le contact éphémère avec la réalité du monde extérieur, avec les problèmes rencontrés par ma famille, et mon incapacité à les traiter, qui me désespèrent le plus.

Les fouilles accomplies, je récupère les vêtements propres apportés par ma femme, les journaux. Chacun des détenus présents au parloir repart dans sa cellule muni d'un sac plus ou moins gros selon les cas. Que c'est triste.

29 juin, jour de mon anniversaire, l'aiguille de mon baromètre intérieur est bloquée sur la zone pluie... Mais je ne veux rien laisser paraître.

Au début de mon incarcération, mes avocats me rendent visite pratiquement tous les trois jours. Leurs paroles, leurs attentions m'apportent un soutien primordial, même s'ils ne peuvent rien contre la toute-puissance du juge. Simplement ils sont là, j'ai confiance en eux. Ils existent.

Le 3 juillet, je suis dans ma cellule lorsqu'un énorme tohu-bohu retentit dans le couloir. La porte s'ouvre brusquement et apparaît un surveillant entouré de fonctionnaires de police en tenue spéciale. Dans le couloir des chiens halè tent, toutes langues dehors. Une première fouille intégrale est effectuée sur les détenus. Puis nous sommes tous dirigés par les troupes spéciales vers la cour de promenade. Un fonctionnaire de police tous les deux mètres. J'apprends qu'il s'agit d'une opération de fouille. Pourquoi ? On ne sait pas pour l'instant. Nous restons ainsi plusieurs heures dehors. De retour dans le bâtiment, à mesure que les détenus réintègrent leur cellule, chacun découvre les vestiges d'une fouille musclée. Grande désolation. Tout a été retourné, certains matelas ont été découpés, les réfrigérateurs démontés, des paquets de café crevés, des photos de famille déchirées. Je vois des détenus qui pleurent, d'autres hurlent de colère ou de rage : une photo, un souvenir, pour un détenu, c'est déjà la liberté, c'est un petit coin de vie privée, de rêve. La tension monte brutalement comme une tempête qui se prépare. Ma cellule est peu chambardée, car je n'ai de toute façon pas grand-chose, un costume, quelques tee-shirts, une brosse à dents, un rasoir. Les surveillants sont inquiets, car ce sont eux maintenant qui vont devoir gérer la crise en train de naître. Après ce genre d'opération commando, c'est chaque fois la même chose, me confie un surveillant.

Le lendemain 4 juillet, je reçois ma première « cantine », ma commande de produits. Je déballe les bouteilles d'eau minérale et m'abreuve avec délectation. L'eau du robinet dans la cellule est tellement infecte, avec son goût terreux et pleine de rouille. J'ai maintenant de quoi écrire, papier et crayon.

A la télévision — appareil qu'il faut louer tout comme le réfrigérateur— les informations évoquent la fouille de la veille : des munitions, des explosifs, un téléphone auraient été trouvés dans les Baumettes. Tout a été passé au peigne fin. Des sanctions ont été prises : interdictions diverses, douche supprimée, renforcement des mesures de sécurité. Les détenus vont en supporter durement les conséquences. En ce début d'été, il fait une chaleur à crever. L'ambiance est explosive. Les jours passent avec lourdeur.

13 juillet. Nouvelle fouille générale. Nous sommes tous suspectés, ambiance de guerre, tous sur le qui-vive, les esprits échauffés. Les surveillants tentent de contenir la révolte qui gronde.

16 juillet. Une bagarre entre détenus. Règlement de comptes.

Le dimanche, j'assiste à un office catholique. Le prêtre appartient à une paroisse de Marseille. Comme il n'a pas été prévu de lieu de culte dans la prison, on aménage chaque fois un espace à cet effet. Pendant l'office, la porte sera fermée à clé !... Le prêtre a apporté quelques modestes fleurs. Il les dépose dans un petit vase. Je m'émerveille à la vue de ces pétales qui m'évoquent la douceur des femmes. Mon esprit s'évade. Je parcours en imagination des champs interminables à la végétation luxuriante. Sans ces images mentales de nature et d'espace, je pourrais devenir fou. Je vois la liberté, la couleur, le calme. Le contraire de cette prison où tout est restrictions, grisaille et bruit. Les détenus présents ici sont de tous âges et de toute nationalité. On sent chez eux une réelle ferveur. Le prêtre nous invite à réfléchir sur un texte pour le prochain office.

Le soir du 7 août, le ciel devient singulièrement sombre, presque noir. Des éclairs se dressent au loin. Toute la journée, il a fait une chaleur pesante. On est mal. Pas d'air. Vers 22 heures, l'orage éclate brutalement. Des trombes d'eau s'abattent sur les Baumettes, les éclairs déchirent le ciel en délivrant une lumière éclatante, le tonnerre fait trembler les lourds murs de la prison. Les détenus se mettent alors à hurler. C'est un cri de joie célébrant cette pluie bienfaitrice qui lave l'air et le sol de la prison. Depuis un mois, tout ici est poussiéreux et plein d'odeurs infectes qui montent des ordures jetées depuis les fenêtres des cellules de détenus bien peu respectueux des autres. Ce problème d'ordures est souvent un sujet de conflits entre ceux qui font attention à la propreté et ceux qui jettent n'importe quoi par les fenêtres.

Cette pluie est une libération, un don du ciel. Maintenant elle tombe en rafale et brille dans le faisceau lumineux du projecteur. D'un coup, elle s'arrête, puis les trombes d'eau reprennent en même temps que les cris des détenus au comble de l'hystérie collective. La pluie tombe encore bien au-delà de minuit.

A présent, une légère fraîcheur s'élève du sol. On respire un peu mieux. L'air sent la poussière. La pluie a lavé les miasmes des chats malades qui errent pendant la journée dans la cour sous le soleil de plomb de l'été.

A travers les barreaux, je tends la main pour sentir la pluie tomber sur ma peau. Je ferme les yeux, je suis encore en train de m'évader. La pluie apaise mon esprit. Sa musique me rappelle des souvenirs agréables... Je marche en montagne, je joue avec l'eau pure des torrents qui se faufile gaiement entre les cailloux. Cette rêverie est de courte durée, elle m'accompagne doucement jusqu'au sommeil.

8 août. L'orage a grondé toute la nuit, mais il n'a pas suffisamment rafraîchi l'air. Il fait encore très lourd, je ne me sens pas très bien. Ce matin, mon moral est comme le temps, lourd et bas.

Ma vie s'organise doucement au rythme des promenades et des activités, comme l'atelier d'écriture auquel j'aime me joindre. Ces rendez-vous seront un réel moment de plaisir dans cet univers de privation, de négation de l'initiative. Cet atelier est animé par un écrivain, René Frégni, homme merveilleux, authentique, qui aborde depuis des années sa mission avec conviction. Je crois qu'il a compris beaucoup de choses chez les détenus. Muni de modestes moyens matériels dans cette prison misérable, il fait ce qu'il peut, mais il le fait bien et avec sincérité.

Dans cette prison, je me sens l'otage d'un système contre lequel je suis impuissant. Mon Dieu, je ne suis ni un objet ni un numéro ! Je suis un homme avec ses forces et ses faiblesses, avec une famille, de jeunes enfants, une femme qui est désemparée. Mais dans l'ensemble je résiste plutôt bien, même s'il m'arrive d'avoir de gros coups de spleen. Je me rends compte que je suis robuste et assez bien structuré mentalement pour affronter cette épreuve. Et surtout, je ne me sens pas coupable de faits qui justifient mon incarcération dont je dénonce encore aujourd'hui l'injustice. Je ne suis pas encore condamné, même si mon emprisonnement voudrait me faire penser le contraire. Je suis en harmonie avec ma conscience. Mais je crains beaucoup pour ma famille. Ils n'y sont pour rien. Combien de temps pourront-ils tenir ? Quels dégâts psychologiques subiront-ils ?

Je m'efforce de garder une vie saine et disciplinée, comme autrefois : je dis autrefois, car j'ai l'impression que ma vie d'homme libre remonte à très loin en arrière. Je me couche et me lève à heures régulières. J'ai la chance d'avoir un bon sommeil. De la haute compétition sportive, j'ai gardé la maîtrise de techniques de relaxation et de concentration. Je pratique donc ces exercices. Je me fixe des objectifs à réaliser. En cellule, je profite de mon inactivité forcée pour lire. Je redécouvre les classiques, Hugo, Balzac, Stendhal. Je m'intéresse aussi beaucoup aux écrivains contemporains, Marguerite Duras, Albert Camus, André Malraux, Jean d'Ormesson.

Je m'oblige surtout à parler à haute voix. Les dialogues, ici, sont plus que restreints. Un jour, je tente une expérience, je campe tout un week-end dans un rôle d'observateur : combien de mots au minimum vais-je utiliser pour me faire comprendre pendant ces quarante-huit heures ? A la fin, le compte est bien maigre : j'ai prononcé vingt-cinq mots, et encore, je me suis un peu lâché le dimanche ! En prison, le langage des gestes et quelques onomatopées peuvent suffire pour exister.

J'apprends à vivre en prison. Je trouve mes repères peu à peu. Je fais tout pour garder mon intégrité morale et physique. Je m'évade par la pensée le plus souvent possible. Je fais tout pour me fondre dans la masse de cette prison, pour devenir transparent. Un détenu que l'on ne remarque pas. En revanche, j'existe pleinement. Tout est dans ma force intérieure. C'est là, sans doute, toute la différence entre un homme et un animal.

La prison, ce sont des murs, des portes sans poignées, un monde de barreaux et de bruits sourds. La prison, ce sont les hommes qui hurlent, pleurent, frappent, dépérissent... Peut-être ont-ils oublié pourquoi ils agissent de la sorte ? Les déplacements sans cesse minutés. Les points de contrôle d'une cellule à l'autre. On est stockés, parqués, fouillés, déshabillés, surveillés. Et les drames humains, les détenus qui craquent, les hurlements sinistres dans la nuit. Toujours ces cris que l'on voudrait oublier. Dans la prison, j'ai vu la misère du monde, j'ai compris autrement le problème de la réinsertion des détenus, j'ai vu la haine, la violence, j'ai vu des hommes chercher la mort par suicide. Et puis, l'été venu, la chaleur monte dans les cellules, les murs et le métal retiennent cette chaleur obsédante. A cause de cet air chaud et collant, il devient difficile de dormir. Les détenus ont les nerfs à cran. Les odeurs putrides, les esprits survoltés. C'est en général au cours de l'été que surviennent les révoltes dans les prisons.

A côté de cela, j'ai vu aussi de beaux actes de générosité, de solidarité et d'amitié.

21 août. C'est la fin de journée. Tiens ? On dirait que l'orage revient. Espoir d'un peu de fraîcheur. Le ciel devient sombre, il fait presque nuit. Soudain un éclair illumine le ciel, un bref mais violent coup de tonnerre. Et cette musique si douce sur le sol et les murs de la prison : la pluie battante tombe des cieux. Mais avant de pouvoir fermer la fenêtre, une volée de gros grêlons roule sur le sol de ma cellule. Maintenant les grêlons tapent avec force contre la vitre et le chambranle métallique de la fenêtre fermée. Dehors, les chats courent en tous sens pour trouver un refuge. En quelques minutes, le sol est tout blanc de grêlons, cette impression de neige contraste avec la grisaille et la tristesse des hauts murs qui bordent la cour.

L'orage, arrivé par le nord, passe au-dessus de la prison comme un océan électrique à la conquête de terres nouvelles, puis il se dirige vers le sud. Le ciel s'éclaircit, le sens de la pluie change. Bientôt elle s'arrête aussi brutalement que l'orage a éclaté, me laissant dans une sorte de nostalgie diffuse.

Au loin, vers le sud, le ciel reste noir, le tonnerre gronde encore. Puis il se remet à pleuvoir, tous les détenus crient et sifflent. Au milieu de cet univers si monotone, un orage, une pluie rafraîchissante, c'est un événement.

Je regarde par la fenêtre la pierre blanche de la colline si caractéristique des calanques. Çà et là, quelques pins verts brillent sous la lumière orangée du soleil couchant. Les reliefs de la colline se découpent sur le fond noir du ciel d'orage. Quel beau spectacle. Que la nature est belle !

Je redécouvre la beauté de certaines choses, si évidente pour celui qui est libre qu'il ne la voit plus. Il faut protéger cette nature et l'environnement. C'est tellement précieux.

Aujourd'hui, j'ai une nouvelle audition chez le juge Philipon. Comme c'est le cas à chaque extraction, je me réveille vers 5 heures du matin. Sortie de la cellule vers 5 h 45. Le respect de l'heure est impératif. En chemin vers le fourgon cellulaire, d'autres détenus, également appelés pour être entendus au palais de justice, se joignent à l'austère convoi. Fouille. Attente de l'arrivée du fourgon dans une petite cellule près des vestiaires. Passage dans un sas : les fonctionnaires de police nous mettent les menottes. Vers 7 heures, on grimpe dans le fourgon. Aujourd'hui, c'est le fourgon cellulaire des Baumettes. Il est nettement plus confortable que celui des gendarmes avec ses minuscules cases en tôle de 60 centimètres de large sur 60 centimètres de long.

Au petit matin, la circulation s'anime dans la ville. Le fourgon ne traîne pas en route, il met en branle sa sirène pour se dégager du trafic. Descente du boulevard Michelet. Nous passons devant le stade Vélodrome, toujours cette flèche dans le cœur.

L'angoisse m'envahit à l'idée de devoir séjourner, ne serait-ce qu'une heure, dans les geôles ignobles du palais de justice. Nous sommes dirigés en cellule. Alors recommence un autre calvaire, je dois presque réapprendre à respirer et à vivre. 9 h 40, on me passe de nouveau les menottes avant de me conduire au cabinet du juge Philipon. L'audition se termine vers 13 h 10. Retour dans la geôle mais, là, mauvaise nouvelle : le fourgon du matin est déjà reparti, il faut attendre le prochain. Pour combien de temps ? Quand le dernier des détenus des Baumettes aura terminé avec le juge qui auditionne. C'est tout. Ce jour-là, les choses s'éternisent. Jusqu'à 21 h 15 je croupis dans ce lieu immonde, puant et sale, au sol et aux murs poisseux, sans manger, sans air, au milieu de la pénombre brûlante. Après une patiente demande, un gardien me donne enfin l'opportunité d'aller boire l'eau tiède du robinet à côté des urinoirs. Et si l'on veut aller uriner, justement, on doit taper comme un dingue contre la porte pour espérer qu'elle s'ouvre au bout d'une demi-heure, voire plus.

Ce n'est pas seulement une torture morale mais aussi une torture physique, une atteinte aux droits de l'homme les plus élémentaires. Je pense encore une fois à l'article 9 de la Déclaration de 1789. Sommes-nous devenus des barbares ? Je suis révolté. Dois-je rappeler que la présomption d'innocence existe encore ? A ce moment-là, je ne suis pas jugé, mais seulement mis en examen comme complice pour un éventuel délit financier.

Quand je réintègre ma cellule aux Baumettes à la tombée de la nuit, fait incroyable... j'exhale un soupir de soulagement. A cet instant, je prends pleinement conscience de l'extrême relativité des choses. Je suis heureux de me retrouver ici. C'est dingue, insensé. Au moins, ici, je peux respirer, ouvrir un peu la fenêtre, m'asseoir sur une chaise en bois à peu près propre. Là-bas, dans les geôles de l'enfer du palais de justice, j'osais à peine prendre place sur le banc en ciment tellement il était sale et poisseux de je ne sais quoi...

15 septembre. C'est un jour de pleine lune. Elle resplendit dans la toile céleste bleu royal. Sa froide lumière blanche éclaire, tout là-bas, la colline dont le relief semble surnaturel. Nuit de pleine lune si mystérieuse et si convoitée, source de tant d'inspirations, de romances. Soulevé par l'exaltation d'une ivresse soudaine, je pense aux amours de la terre, du soleil et de la lune. Que se passe-t-il ? Alors que le temps est calme, les journées moins chaudes, les détenus soudain poussent des hurlements. Est-ce le pouvoir de la lune sur l'esprit humain ? L'expression de sa beauté inaccessible qui rend les hommes fous ? Des cris horribles retentissent dans la nuit. Ils portent une charge dramatique d'une grave intensité. Pour tous les détenus, c'est la nuit de l'espoir ou du désespoir... à ne jamais oublier.

Assis à côté de la fenêtre, seule la froide lumière blanche de la lune éclaire ma cellule, projetant une lueur angoissante sur les piètres objets qui composent mon décor. J'écoute les cris, toute la prison écoute. Il y a une communion dans la douleur exprimée par ces cris sortis de la gorge de quelques détenus. Puis, progressivement, les cris gagnent tout le bâtiment. J'en ai froid dans le dos. Tels des loups hurlant à la mort devant la lune, ces hommes tentent d'exprimer quelque chose. Je suis tétanisé. Sont-ce encore des hommes ? Sont-ils devenus des bêtes ? Mon Dieu que la prison est dure !

Un jour, alors que la gamelle est passée depuis longtemps, vers 20 heures, je suis en train de lire. J'entends brusquement une clameur monter à l'extérieur : Laroche ! Laroche ! Tu passes à la télé ! J'allume le poste. En effet, à l'occasion du journal télévisé, une rétrospective sur l'OM. Je suis interviewé. Quel drôle d'effet de se voir sur l'écran quand on est enfermé dans une cellule. Une fois encore, je suis comme un otage qui observe, impuissant. Le lendemain, c'est le gros sujet de discussion au cours de la promenade : oui ! monsieur Laroche, on vous a vu à la télé ! Et tous les commentaires qui en découlent... Pour mes compagnons d'infortune je suis une attraction.

Lentement les jours s'écoulent... je finis par m'habituer progressivement, non par résignation, mais par la discipline de vie que je me suis imposée. Se fondre dans la masse. Un peu comme pendant les tempêtes en mer, je réduis la voilure de mon affectivité. Comme le roseau, je plie car je ne peux pas lutter contre la puissance du juge, mais je ne romps pas. Oui, le traitement que me réserve le juge Philipon est trop injuste, trop inéquitable, trop déséquilibré.

Les auditions et les confrontations se succèdent devant le juge : Claude Ghidalia, Elie Fellous, Jean-Louis Levreau... Tous ont un gros avantage sur moi. Ils sont libres, ils ont passé une nuit dans un lit douillet, ils se présentent au palais de justice frais et dispos après un bon petit déjeuner, tandis que moi, levé depuis 5 heures du matin, je subis les contraintes, les menottes, les geôles. Cela s'appelle l'égalité des chances entre les prévenus ! Quand arrivent les confrontations, je suis déjà si épuisé, humilié, que j'ai envie de hurler à l'injustice de mon sort. Pourtant, je tiens le coup. Je cache ma douleur. Pas une seule fois je n'ai été mis en difficulté lors des auditions. Dès l'ouverture des débats avec les autres témoins, je lis dans leurs yeux la terreur de finir, eux aussi, en prison.

La confrontation avec Miroslav Blazevic[1] a été fort instructive. Lui aussi a connu les joies de la prison sur les simples accusations de Bernès, qui a prétendu que j'étais à l'origine de la facture reprochée à l'entraîneur croate. Ce dernier déclare ne m'avoir jamais eu au téléphone et ne pas me connaître. Bien entendu, je confirme en tous points ces éléments, exprimant mes regrets de voir cet entraîneur réputé mis en prison alors que notre confrontation aurait pu être avancée. D'ailleurs, Miroslav Blazevic est aussitôt libéré après la confrontation. J'en ai été très heureux pour ce grand entraîneur qui a conduit son équipe jusqu'en demi-finale du Mondial 1998.

Courant octobre, bientôt quatre mois que je suis incarcéré. La rentrée scolaire a eu lieu, les anniversaires de mes enfants se sont passés sans moi pour la première fois depuis qu'ils sont nés. Voilà des tranches de vie qui m'ont été prises, alors que tous les autres mis en examen dans cette affaire sont libres. Et tout cela pour quel résultat ? Aucune de ces auditions et confrontations n'a fait avancer le dossier. Bref, rien de bien significatif, pas un fait nouveau apparu susceptible de faire découvrir la vérité recherchée par le juge Philipon. Mais quelle vérité... ?

C'est dans ce contexte que j'attends de pied ferme la confrontation avec Bernès prévue le 17 octobre.

A l'extérieur, la pression sur les proches s'exerce à plein régime, pression sur ma famille, mes amis... Mon épouse est entendue à deux reprises au cours de la première quinzaine d'octobre, par l'inspecteur Leloup à l'Evêché. Après ses auditions, elle vient au parloir. Je la vois absolument défaite. Inquiet, je la force à avouer ce qu'elle a sur le cœur :

— Qu'as-tu ?

— Si tu savais ce que m'a dit l'inspecteur Leloup...

1. Entraîneur de l'équipe nationale de Croatie.

— Je t'en prie. Parle...

— Cela va te faire mal, Alain...

— Je dois savoir, c'est important.

— Leloup a évoqué ma mise en garde à vue.

— Non !

Maintenant, nous sommes tous les deux en train de retenir nos larmes et notre colère.

— Quoi d'autre encore ?

— Leloup prétend que tes avocats ne défendent que des délinquants. C'est vrai, ça ? demande-t-elle naïvement.

— Ce sont des spécialistes du droit pénal, voilà tout. Leur clientèle est composée de gens qui ont des problèmes avec la justice pénale et ce ne sont pas toujours des enfants de chœur, c'est vrai. Mais ces gens ont droit à être défendus. Au contraire, mes avocats sont très bons et je n'ai aucune intention d'en changer.

— Le pire, Alain, c'est toutes les choses affreuses...

— Quelles choses affreuses ? Continue, je t'en prie. Tu dois aller jusqu'au bout, même si ça fait très mal.

— Fin de parloir ! lance le surveillant.

— T'en fais pas, chérie. Le cauchemar va bientôt finir...

Le juge est-il informé de ce comportement ?

Je parle à mes avocats de ces méthodes d'investigation policière que je découvre en néophyte. Ils en ont tellement vu dans leur carrière qu'ils ne sont pas très surpris. Frédéric Monneret, avec son flegme habituel, me dit :

— Si l'inspecteur Leloup en est là c'est que, vraiment, son dossier ne doit pas bien avancer. Laissez faire, c'est plutôt bon signe.

Ma femme est terrorisée. Et si elle était mise en garde à vue ou, pire, en détention ? Et si mes enfants se retrouvaient à la DASS ? Outre les pressions psychologiques, ma femme doit affronter tous les problèmes quotidiens, surtout financiers. Je n'ai plus aucune ressource, alors que les crédits et les charges continuent de tomber. Ma femme est en train de craquer moralement, et je ne suis pas là pour la soutenir. C'est cela qui me désespère.

En raison de l'extrême détresse psychologique de mon

épouse à ce moment-là et de crainte de voir se réaliser les menaces de Leloup, il est plus sage de ne pas engager un combat contre l'inspecteur sur un terrain où, de toute façon, je suis en totale position d'infériorité. L'incident est évoqué toutefois par mes avocats devant le juge Philipon, qui s'étonne, dit qu'il va s'informer... Comme il n'y a pas eu de plainte, la demande reste sans suite. Mais ma femme ne sera plus jamais convoquée.

Je viens de prendre un grand coup sur la tête, je découvre que les méthodes policières décrites dans certaines fictions au cinéma sont bien réelles. C'est une nouvelle grande leçon.

Le 17 octobre 1995, je suis enfin confronté à Jean-Pierre Bernès. J'ai encore en mémoire le visage si désemparé de ma femme. Les agissements de l'inspecteur m'ont atteint doucement, puis de façon plus pressante. Je ne suis pas au mieux de ma forme. Pourtant, même très secoué, je ne vacille pas devant Bernès. Il confirme ce qu'il a déjà dit. Pour ma part, je réitère mes propos.

Sur le thème de la corruption, Bernès tente de me pousser à reconnaître que certains matchs ont été « achetés ». Je conteste. Agacé par ses allusions générales et vagues, je n'hésite pas à lui demander d'être plus précis, de fournir des noms, des dates, des lieux... et, là, grand silence de sa part... Bernès ne sortira pas des généralités. Il ne dira jamais rien de précis. Le juge ne vient pas à mon aide pour forcer Bernès à parler ; ou bien il a quelque chose de sérieux à dévoiler à l'instruction, ou bien Bernès arrête de jouer au chat et à la souris... Un moment, j'attaque :

— Bernès me met en accusation car il m'en veut.

— Et pour quelles raisons ? me demande le juge.

— Il m'en veut pour trois raisons : tout d'abord de ne pas avoir abondé dans le sens qu'il souhaitait dans le procès VA/OM ; ensuite d'être à l'origine du licenciement de sa sœur qui travaillait au club marseillais ; enfin d'avoir fait traîner le paiement de ses indemnités de licenciement de l'OM.

— C'est exact, monsieur Bernès ? demande le juge.

— Oui, c'est exact.

Ainsi, je viens de faire avouer à Bernès quelques-unes des raisons qui expliquent son attitude à mon égard, hormis celles, plus secrètes, qui motivent sa stratégie de défense face aux questions du juge. Pourtant, la confession de Bernès laisse le juge Philipon de marbre...

Mais je me défends et je maintiens mes positions basées sur la réalité des faits et non sur une quelconque fiction.

J'espère, en toute logique, que le juge me remette en liberté. Mon maintien en détention n'a, en effet, aucune utilité, car d'une part, le juge ne peut pas se prévaloir de faits nouveaux susceptibles d'éclairer davantage la vérité — pas une fois il n'a pu relever la moindre contradiction dans mes propos sur l'ensemble des dossiers qui comptent des milliers de pages ! D'autre part, Bernès est toujours resté très vague dans ses accusations de corruption, de façon assez habile d'ailleurs. Il a entretenu la suspicion sans jamais fournir de faits précis. Je crois enfin voir s'ouvrir la porte de la liberté devant moi, eh bien non, le juge Philipon demande une prolongation de mon mandat de dépôt !

Imaginez le terrible coup sur le crâne ! Alors la seule vérité éclatante de ces auditions, pour l'instant, c'est la perte de quatre mois de ma vie, la désolation, les traumatismes, les conséquences néfastes en nombre incalculable sur ma vie affective et professionnelle.

Mes avocats sont perplexes... Philipon doit avoir un plan derrière la tête pour me maintenir ainsi en détention. Oui, mais lequel ?

Mardi 7 novembre 1995, 14 heures

La chambre d'accusation d'Aix-en-Provence va examiner ma demande de remise en liberté...

Pour arriver au palais de justice, je subis comme d'habitude toutes les épreuves que je commence à tristement connaître : fouilles, attente, geôles, menottes, fourgon terriblement exigu. Je suis dans la grande salle du palais de justice où les détenus attendent d'être jugés. Nous sommes tous menottés et attachés individuellement à un anneau scellé dans le mur !

Longue attente...

Parfois il arrive que la chambre d'accusation examine plus de quatre-vingts dossiers en un après-midi... En tout cas, ce jour-là, elle rejette ma demande de mise en liberté, notamment au motif « qu'il y a une procédure en cours de levée de l'immunité parlementaire de Bernard Tapie en vue de son incarcération. La détention provisoire de Laroche reste donc nécessaire à l'instruction à titre de sûreté »...

Encore une fois mes avocats ont vu juste : mon maintien en détention s'inscrit dans la stratégie du juge Philipon.

Durant ces heures interminables, mon épouse se morfond dans les couloirs du palais de justice en compagnie de sa cousine Nadine qui l'a si souvent soutenue en ces moments pénibles. Dommage... Mon épouse espérait tant que je sois enfin libéré... Mais la fin approche maintenant...

Novembre 1995 : une libération irréelle

Le juge vient d'abattre sa dernière carte. Il présente une requête auprès de l'Assemblée nationale afin d'obtenir la levée de l'immunité parlementaire de Bernard Tapie dans l'affaire des comptes de l'OM, et cela en vue de prononcer sa mise en détention et de me confronter avec lui ! Nous y voilà... Son motif pour me garder en détention, c'est la demande d'incarcération de Tapie ! Mais cela prend du temps et, pendant ce temps, je suis toujours enfermé.

Le 24 novembre, l'Assemblée nationale considère l'inutilité de cette demande et rejette la requête du juge !

Nul besoin d'écrire à mes avocats à ce sujet. Le jour même de cette nouvelle, ils me rendent visite pour m'indiquer qu'ils ont fait une nouvelle demande de remise en liberté.

Après le parloir avec eux, je m'apprête à retourner dans ma cellule.

Je suis découragé, écœuré.

Presque six mois en prison pour rien ! Depuis environ un mois et demi, il ne s'est rien passé...

Je suis encore aujourd'hui profondément blessé par l'attitude du juge Philipon : la détention, les convocations de ma femme et de mes amis, les écoutes téléphoniques...

Mais tout cela m'a donné une résistance extraordinaire, je suis resté le plus transparent possible pour préserver ma raison et mon équilibre psychologique. Oui, j'ai mené un combat autant contre moi-même que contre le juge.

Je réintègre ma cellule, j'ai mal à la tête, j'ai un poids sur la poitrine. Je pointe au poste de contrôle à l'entrée du bâtiment D, je me dirige vers le service de l'administration où je demande au surveillant-chef l'autorisation de pouvoir consulter le médecin. Peu après, il me donne son accord. Je me retrouve dans la salle d'attente de l'infirmerie qui se trouve à côté du bureau du surveillant-chef. Je discute avec les détenus présents et le surveillant de service. Tous me remontent le moral et me promettent une libération rapide. Assis sur une chaise, pensif, j'écoute d'une oreille distraite.

Le médecin prend ma tension, elle est très élevée. Il me donne un médicament contre le mal de tête et me demande de repasser lors de la prochaine consultation pour un contrôle.

En quittant l'infirmerie, je dois attendre encore de très longues minutes en raison du déplacement successif de trois détenus QI [1] d'une zone vers une autre zone protégée. Dans ce cas, les accès aux étages sont bloqués le temps que l'opération soit effectuée. Cette procédure est très stricte. Je patiente au moins vingt minutes avant de pouvoir rejoindre ma cellule au quatrième étage. Au moment de franchir le dernier poste de contrôle, le surveillant du quatrième étage m'adresse une curieuse remarque :

— Vous avez une heure de retard. Que s'est-il passé ?

— Je suis passé à l'infirmerie, j'ai une terrible migraine.

Le surveillant fronce les sourcils. Il s'emporte brusquement :

— Je n'ai pas été informé ! Ce n'est pas normal.

— J'ai reçu pourtant l'autorisation.

— Je vous dis que cela n'est pas normal, s'entête le surveillant.

— Que voulez-vous savoir ? Je ne suis pas responsable de ce défaut d'information. Je reviens de l'infirmerie, c'est tout ce que je peux dire. Le médecin peut témoigner. Et puis il y avait les QI dans les étages. L'accès était bloqué...

1. Quartier d'isolement (QI).

— Je vais faire un rapport ! s'emporte de nouveau le surveillant.

Trop las pour continuer à discuter, je rentre dans ma cellule.

Là, je tente d'avaler quelque chose, mais je n'ai pas le goût de manger. La journée se déroule dans la morosité et la révolte. L'Assemblée nationale considère que les faits retenus dans le dossier ne justifient pas l'incarcération préventive de Tapie. Bien... Mais moi, salarié de mon état, ayant agi sous les ordres d'une hiérarchie, avec un lien de subordination clairement reconnu, poursuivi comme simple complice au sens du Code pénal, je suis enfermé depuis plus de cinq mois.

Le week-end s'étire en longueur, il n'y a rien à faire. Tout est vide et gris. Sensation de ralenti extrême. Je me raccroche aux espoirs de mes avocats : « Franchement, ce coup-ci, la position du juge est intenable ! Vous allez être libéré... » Oui, je veux bien vous croire.

En attendant, je dois m'occuper. Tout au long de ce samedi 25 novembre, jour de la Sainte-Catherine, je prépare un texte promis pour l'atelier d'écriture du lundi après-midi. Pris par l'inspiration, je me lâche et j'invente l'histoire d'une magnifique jeune fille, une catherinette en mal de sensations, qui se laisse embarquer dans une aventure romantique. Je m'amuse déjà de la réaction des détenus quand je vais leur en faire la lecture...

Le lundi 27 novembre, à 14 heures, comme à mon habitude, je me rends à l'atelier d'écriture, animé par l'écrivain René Frégni. On apprend ici aux détenus à s'exprimer à l'oral et à l'écrit. La tâche est ardue, j'aime cet atelier. C'est une occasion pour moi de m'exprimer et de rendre service à ces détenus en quête d'un peu de savoir ou simplement de rêve. Le rêve n'est-il pas la voie royale de l'évasion — surtout parfaitement légale ? J'ai le sentiment de servir à quelque chose face à l'inutilité de la prison. Mon contact avec René Frégni a été cordial dès les premiers instants. C'est un homme passionné par l'écriture. Souvent j'écris des histoires à partir d'un thème proposé par un détenu au cours de l'atelier. Je lis ensuite mon récit devant la collectivité pour nourrir le débat qui suit. Les détenus trouvent l'idée amusante. Qu'importe les thèmes de l'histoire, les détenus écoutent, la discussion s'instaure. De bouche à oreille, l'atelier a remporté du succès.

Ce jour-là l'atelier compte une douzaine de détenus. Je m'installe à côté de René Frégni, puis commence la lecture de mon texte. Je vois les mines ravies des assistants. C'est plaisant. Soudain, vers 14 h 30, un surveillant fait irruption dans la salle et m'interrompt :

— Laroche, vous êtes convoqué au prétoire !

Interloqué, je le regarde sans rien dire.

— Tenez, voici le double de la convocation !

Je prends connaissance du document. Il fait état de l'incident avec le surveillant suite à mon retour de l'infirmerie le vendredi précédent. Le surveillant m'explique que le prétoire est un tribunal interne à la prison. Troublé, je quitte l'atelier d'écriture pour me rendre à cette étrange convocation.

Je me retrouve ainsi dans le sas de ce tribunal interne en compagnie d'autres détenus qui, chacun à leur manière, me racontent comment se déroule une audience.

On m'appelle. Je pénètre dans la salle au fond de laquelle se trouve une estrade où se tiennent les principaux responsables de la prison. Me voyant entrer, le directeur du bâtiment s'exclame :

— Vous, ici ? Pourquoi ?

— J'aimerais bien le savoir !

Il me demande de me positionner de façon réglementaire sur un rond central dessiné sur le sol. Je m'y conforme, même si je trouve cette démarche assez curieuse. L'audience s'ouvre avec la lecture du fait qui m'est reproché. Le directeur qui préside la séance me demande de m'expliquer. J'expose les faits : mon retard consécutif à mon passage à l'infirmerie. Je prends à témoin le surveillant-chef qui était de permanence vendredi dernier et qui m'a autorisé l'accès à l'infirmerie. Il confirme mes dires. Je constate aussitôt l'étonnement sur le visage de mes juges. Pourquoi le surveillant m'a-t-il fait comparaître devant le prétoire ? s'interrogent-ils. Après quelques échanges entre les responsables à voix basse, le directeur déclare :

— L'incident est clos. Vous pouvez disposer.

— Pour ma part, il n'est pas clos. Pouvez-me dire en quoi j'ai fauté ? J'aimerais être mis en présence du surveillant qui m'accuse.

Le directeur me fait signe de me taire :

— L'incident est clos, vous pouvez repartir.

Devant l'absurdité de la situation, j'obtempère et retourne dans le sas, pensant rejoindre rapidement l'atelier d'écriture. Mais non, je dois encore supporter la loi du règlement : il faut attendre que tous les autres détenus convoqués aient été entendus devant le prétoire. Faute de place, ceux qui viennent de comparaître sont enfermés dans une cellule du cachot à proximité. Nouvelle humiliation. Nouvelle absurdité. Pendant plus d'une heure, j'enrage dans ce trou à rats : une paillasse, un w-c à la turque, un robinet, une plaque métallique percée de quelques trous en guise de fenêtre. Le tout dans un état de saleté repoussant. L'épreuve est redoutable...

C'est avec un réel plaisir que je retrouve mes compagnons d'atelier. Il est presque 16 h 30. L'épreuve du prétoire aura duré deux heures. Je tente de me calmer. Un quart d'heure plus tard, je m'apprête à reprendre la lecture de mon texte, lorsque la porte s'ouvre de nouveau. Un surveillant apparaît et me désigne. Je m'attends à une nouvelle convocation devant le prétoire, car, sur le chemin du retour, j'ai croisé le surveillant maniaque et je lui ai dit le fond de ma pensée. Se pourrait-il qu'il se soit plaint de nouveau ? Les détenus n'ont pas non plus l'air très rassurés...

— Vous êtes libéré ! lance le surveillant. Veuillez me suivre !

C'est un grand coup de poing dans la gueule ! Je suis KO. L'épisode du prétoire m'avait fait complètement oublier la perspective de ma mise en liberté. Je suis incapable de prononcer le moindre mot.

— Allez, va-t'en ! me lancent les détenus.

On dirait que je refuse de partir. J'ai trouvé ici mes repères. Mes jambes ne réagissent pas...

— Bougez-vous, Laroche ! me dit le surveillant. Vous devez impérativement quitter au plus vite la prison. Vous n'avez plus le droit de rester là !

Plus le droit ? Comme cette formule sonne d'une façon étrange dans ma tête.

Je me lève tel un automate, salue un à un mes compagnons de prison. A la volée, j'attrape un nom, un téléphone. René Frégni me regarde. Je n'oublierai jamais l'intensité de notre échange à cet instant. Nul besoin de mots. Son visage exprime une vraie joie.

Toujours aussi mécaniquement, je monte les étages, entre dans ma cellule pour faire mon paquetage. Le surveillant m'observe d'un air dubitatif. Par quel bout commencer ? Dans les cellules voisines, on crie : « Laroche est libéré ! » En quelques minutes le bâtiment est au courant. C'est fou, les communications entre détenus fonctionnent si vite et si bien !

Perdu, je m'assieds sur le bord du lit, la tête dans les mains. Je reste dans la même position une dizaine de minutes.

— Il faut avancer ! Vous ne pouvez pas rester là !

Comme je ne parviens pas à sortir de ma torpeur, le surveillant se penche vers moi :

— Voulez-vous un coup de main ?

— Oui...

Il m'aide à rassembler mes quelques habits.

— Que vais-je faire de toutes ces affaires ? Je peux les donner aux détenus ?

Fait rarissime, le surveillant accède à ma demande et m'ouvre la porte de plusieurs cellules. A l'un, je donne une plaque de chocolat. A l'autre, des vêtements, des tongs. Au troisième, un ventilateur, des boîtes de conserve... Bref, mon petit univers accumulé en cinq mois et une semaine... Je rends les gestes d'amitié que les détenus m'ont témoignés à mon arrivée. Puis, dans la plus grande confusion, je rassemble le reste de mes affaires. Me voici avec deux gros sacs plastique à la main, plus mon paquetage. Visiblement heureux pour moi, le surveillant en chef vient à ma rencontre et prend de mes nouvelles.

Je salue tous ceux que je croise sur mon chemin. Plus de deux heures se sont écoulées depuis l'annonce de ma libération. Il est plus de 18 h 30. Je dois me presser pour quitter la prison avant la relève des surveillants de nuit.

Deux détenus ont été autorisés à m'accompagner jusqu'aux vestiaires. Ils portent les sacs, je porte mon paquetage. Les poignées de main chaleureuses, les accolades amicales s'égrennent jusqu'aux vestiaires. Là, mes compagnons doivent retourner en cellule. Je leur serre chaleureusement la main en les remerciant. Gros moment d'émotion.

Au vestiaire, je rends mon paquetage, le drap, la couverture, la cuvette en plastique, l'assiette, le couteau. Je récupère mes affaires personnelles. Comment expliquer ce que je ressens à cet instant ? Je suis dans une espèce de semi-coma. Quel temps peut-il bien faire dehors ? Faudra-t-il de nouveau affronter la meute des journalistes ? Je tente d'articuler mentalement trois ou quatre phrases à leur intention. J'ai peur. Cela fait des mois que je suis si loin de tout.

Je me rends ensuite au greffe où le fonctionnaire me pose des questions personnelles pour vérifier mon identité : date de naissance, prénom du père... Plusieurs fois je me trompe sur les mêmes questions pourtant banales. Le fonctionnaire me sourit :

— Monsieur Laroche, si je ne vous connaissais pas, vous ne pourriez pas sortir de ce bureau !

On vérifie mes empreintes. Encore un contrôle. On me fait signer des papiers. Qui sera là, dehors, à m'attendre ? Jusqu'à maintenant j'ai bien assumé la situation. Mais là, je suis désemparé. Oui, j'ai peur d'affronter la réalité extérieure. Je n'y suis pas préparé. Tout se prépare, non ? Je ne pensais être libéré que trois semaines plus tard.

Après le greffe, je passe une porte, traverse la cour. Glacial, le mistral souffle fort en ce 27 novembre. Je porte sur le dos mon éternelle veste bleue en lin que j'avais en arrivant le 20 juin dernier et un polo blanc. Je suis saisi par le froid.

Enfin, j'arrive devant l'ultime porte, celle qui ouvre sur la liberté. Les surveillants me serrent la main :

— Allez, bon courage...

A travers l'entrebâillement de la porte, j'aperçois une lumière intense... Je pense qu'il s'agit des projecteurs de caméra... La presse est là...

La porte s'ouvre. Je sors... Elle claque aussitôt derrière moi. Un vaste silence m'envahit alors que je m'attendais au vacarme de la presse. Je suis seul face au vide. Personne... Seule la lumière puissante du projecteur qui éclaire l'entrée de la prison témoigne d'un signe de vie.

Soudain, le vent me glace. Où suis-je ? Dans quel monde suis-je entré ? C'est ça, la réalité des hommes libres ? Je suis dans un état second. Trois heures auparavant, je me défendais face à un prétoire, risquant des sanctions. Et là, dehors, je suis seul... Oui, seul comme dans ma cellule. Où sont ma femme, mes avocats ? Ont-ils été prévenus ? Que vais-je faire ? A ce moment-là, le surveillant qui m'a accompagné au vestiaire pousse la porte des Baumettes et sort. Il a fini son service. Me voyant les bras ballants, il me demande :

— Ça ne va pas ?

— Non.

— Vous ne savez pas quoi faire ?

— Je ne sais pas. Rien n'était prévu.

— Attendez-moi.

Le surveillant m'abandonne et va chercher sa voiture un peu plus loin. Il revient à ma hauteur :

— Voulez-vous que je vous dépose quelque part ?

— Je ne sais pas.

— Allez, montez ! Vous aurez le temps de réfléchir.

Je monte dans la voiture. J'ai froid, je grelotte :

— Ecoutez, il faut que je téléphone. Je vois une cabine, là. Pouvez-vous me déposer ?

Il s'arrête près de la cabine. Je descends, fais quelques

pas... Mais il me faut une carte téléphonique... Je n'ai rien. Mon cerveau fonctionne au ralenti. Pendant ce temps, le surveillant me fixe bizarrement depuis son véhicule. Un peu plus loin, je vois un bar-tabac, il va fermer. J'avance, j'entre et j'accomplis mon premier acte d'homme libre :

— Vous avez une carte de téléphone ?

— Oui.

J'ai juste de quoi payer. J'éprouve une curieuse sensation, de pouvoir acheter quelque chose avec un billet de banque. Je retourne vers la cabine. Je décroche. Non ! Ce n'est pas possible... J'ai oublié le numéro de mon domicile ! Un terrible trou de mémoire. Je ne me souviens d'aucun de mes numéros. Inquiet, le surveillant sort de sa voiture et s'approche :

— Que se passe-t-il ?

— J'ai oublié mes numéros de téléphone.

— Attendez un peu, ça va vous revenir..., dit-il calmement. Essayez encore.

Je tente quelques numéros, puis, comme un fil que l'on tire doucement, ils se réimpriment dans ma mémoire. Après une bonne dizaine de tentatives, je parviens à retrouver la bonne combinaison. Ça sonne, je suis soulagé :

— Allô ?

« Je suis momentanément absent. Veuillez laisser votre message et je vous rappellerai. »

Quoi ! C'est ma voix dans le téléphone... sur le répondeur ! Je suis en train de me parler. Je ne comprends plus rien. « Mais comment peux-tu me rappeler puisque c'est moi qui t'appelle ? » dis-je à haute voix. C'est absurde, je perds la tête. Je sors de prison, personne ! Je téléphone chez moi, je tombe sur mon répondeur avec mon propre message ! La panique me gagne. Qui appeler ? Mes avocats ? C'est trop tard, le cabinet doit être fermé à cette heure-là... Chez moi, il n'y a personne. Mon cerveau est comme figé. Puis, lentement, comme un film de cinéma qui redémarre, des images, des noms, des numéros me reviennent. Me creusant la tête, je retrouve le numéro de portable de ma femme :

— Allô ?

— C'est moi.

— Qui ?

— Oui, c'est moi.

— Tu m'appelles d'où ? Tu n'as pas le droit de téléphoner !

— C'est moi.

— Qu'est-ce qui t'arrive ? demande-t-elle, affolée.

Elle poursuit :

— Je viens te voir demain. Pourquoi tu m'appelles ce soir ? Il s'est passé quelque chose de grave ?

Entre nous s'installe un dialogue de sourds.

Elle croit à un nouveau drame, je suis incapable de lui annoncer ma libération.

Finalement, je lâche dans un souffle inespéré :

— Mais je suis libre. J'ai été libéré !

J'entends un cri dans le téléphone :

— Les enfants, papa est libre ! Mais où es-tu ?

— Je suis devant la prison des Baumettes. Je suis tout seul. Mais toi, où es-tu ?

— Je me rends chez Caline et Patrick. Elle nous a invités à dîner ce soir. J'arrive.

— Attends ! On se donne rendez-vous au rond-point du Prado. Cela sera plus court pour toi.

Je demande au surveillant s'il peut me rendre ce service.

— Oui, bien sûr, répond-il.

Je raccroche. On remonte dans la voiture. Cette fois-ci, c'est bon, j'ai l'impression que je vais craquer... Tristesse et bonheur se mêlent confusément. Comment vais-je me comporter devant les enfants, ma femme ? Grande angoisse. Sans doute habitué à ce genre de situation, le surveillant sait trouver les mots justes, qui me réconfortent. Plus loin, en chemin, il me raconte une histoire :

— Vous savez, le surveillant qui vous a envoyé au prétoire...

— Et alors ?

— Tout à l'heure, dans le couloir, en sortant, vous l'avez croisé ?

— Oui, c'est vrai.

— Et vous lui avez serré la main. Vous vous souvenez ?

— Oui.

— Vous lui avez dit : « Vous faites un métier difficile. Mais ce n'est pas en cherchant la provocation que vous allez arranger les choses. Votre attitude n'était pas juste. Elle aurait pu déclencher d'autres incidents. »

— Oui.

— Je peux vous dire qu'il a été agréablement surpris. Il s'attendait plutôt à recevoir un coup de poing dans la gueule.

— Si cela peut servir à éviter un problème une autre fois.... Au moins, j'aurais fait quelque chose.

Nous arrivons au rond-point du Prado.

Je descends du véhicule, timidement, encore peu sûr de moi.

— Ça va aller ? Je peux vous laisser ? demande le surveillant.

— Oui, merci beaucoup.

— Bonne chance, me dit-il avec un sourire.

Puis il s'en va. Je me retrouve seul devant l'entrée du Parc Chanot. 20 h 30. Soudain arrive une voiture de police en patrouille qui roule lentement. Je me recule d'instinct. Je dois avoir une tête affreuse. Un homme vêtu d'un costume de lin en novembre par ce froid et deux sacs en plastique à bout de bras, c'est suspect... Je ne voudrais quand même pas me faire embarquer pour vagabondage ! Je recule encore et me glisse dans la pénombre comme si j'étais un fugitif, attendant l'arrivée de ma femme. Ce temps me paraît sans fin.

Puis j'aperçois la voiture qui s'approche. Elle s'arrête.

Ma fille sort la première, elle court, se jette dans mes bras. Elle s'effondre en larmes, j'ai du mal à retenir les miennes. Derrière elle, mon fils reste immobile, droit. Il affiche une sorte de dignité pudique. Il attend, patiemment. Dans la pénombre, je devine ses yeux rouges et les larmes qui coulent le long de ses joues. Ma femme me rejoint avec lui. Je suis pétrifié, gêné, je ne sais pas trop quoi dire. Je suis dans un état second. Je n'ai rien compris à ma libération si brutale et soudaine, ni comment elle s'est déroulée.

C'est bien plus tard que des souvenirs précis me reviendront.

Préoccupé par cette perte de mémoire passagère, j'ai consulté un médecin qui m'a pleinement rassuré. Il s'agit d'un choc émotionnel consécutif à une période de stress intense. Une sorte de décompression trop rapide. Il a fallu un peu de temps pour que les choses commencent à se rééquilibrer.

Nous allons à l'invitation de Caline et Patrick. C'est une joie spontanée. En quelques mots, je raconte mon histoire que seul un très long temps pourra me faire oublier. La pudeur est forte, difficile de parler.

En arrivant chez moi, je suis frappé à la vue des poignées de portes. Pendant des mois, en cellule, j'ai vécu avec des portes atrophiées, je veux dire sans poignée. Je suis également saisi par la propreté des lieux. Paradoxalement, je n'arrive pas à trouver le sommeil en ce premier soir de liberté.

Le lendemain, j'ai voulu conduire une voiture, symbole de liberté. J'ai envie de monter dans une auto et d'aller où bon me semble, sans passer par mille points de contrôle. Je goûte à pleins poumons l'air de la liberté. Peut-on savoir ce que signifie le mot liberté quand on n'en a jamais été privé ? Je comprends mieux aujourd'hui ceux qui combattent pour elle. Plus que jamais, la défense des libertés m'apparaît comme fondamentale.

Je rencontre beaucoup de monde. Je vais visiter nos voisins, Henri et Augusta, un couple de Provençaux à la retraite, qui se sont si bien occupés de ma famille pendant mon incarcération.

Ils m'embrassent comme si j'étais leur fils retrouvé. Tous ces gestes d'amitié me réchauffent le cœur.

Je passe Noël en famille avec un vrai plaisir chez mes beaux-parents qui se sont sacrifiés pour payer la caution. Toute la famille est réunie, Frédéric et Anne, Hervé et Isabelle ainsi que mes cinq neveux et nièces. Tout me semble beau et merveilleux. Je redécouvre la vie, la nature, sa richesse, mais aussi des relations simples avec les gens.

Au cours de l'année 1996, j'ai plusieurs fois revu le juge Philipon pour des auditions. Je ne peux m'empêcher de grincer encore des dents en me souvenant qu'il n'a même pas pris la peine de faire prévenir mes avocats de ma libération ! Je me suis retrouvé seul en pleine rue... Jusqu'à cette date, son attitude n'aura fait que m'affaiblir. Il aurait pourtant été si simple et plus humain d'avertir mon épouse. Il fallait donc que je boive le calice jusqu'à la lie. Depuis le début de cette affaire, tout aura été extravagant...

Courant juillet 1996, je suis enfin confronté à Bernard Tapie. Les débats confirment nos dires respectifs : tant sur la nature des comptes de l'OM que sur ma position hiérarchique, à savoir que j'ai reçu les instructions directement de Jean-Pierre Bernès s'agissant des contrats de joueurs et des commissions aux intermédiaires. Enfin, rien de bien nouveau dans le dossier de l'OM.

Cependant, une question reste en suspens : pourquoi le juge Philipon aura-t-il attendu aussi longtemps pour me confronter à Bernard Tapie ?

« Les comptes de l'OM » : les paradoxes d'un procès

Le 26 décembre 1996, je reçois à mon domicile un pli recommandé venant du tribunal de Marseille. Intrigué par son volume, j'ouvre l'enveloppe et découvre un dossier très épais. Il s'agit de l'ordonnance de renvoi devant le tribunal correctionnel de mise en examen de l'affaire nommée « Les comptes de l'OM ». Le document comprend 205 pages dont une cinquantaine sont des rappels d'ordre juridique prévus par le Code de procédure pénale.

Le document se lit sans difficulté. Pas de doute, le juge a fait preuve d'une réelle capacité de synthèse dans ce dossier compliqué que je connais sur le bout des doigts. Je ne saurais toutefois partager en tout point son interprétation des faits. A mesure que je tourne les pages, j'y appose des commentaires tout en éprouvant un début d'amertume. Pourquoi l'OM est-il attaqué et pas les autres clubs ? C'est la première question qui me vient immédiatement à l'esprit, car au fur et mesure que j'avance dans le texte, je découvre que les faits reprochés sont déjà archiconnus et pratiqués par de nombreux clubs français... A la dernière page, je note que le document a été terminé et signé le vendredi 13 décembre 1996.

Neuf années se sont écoulées depuis mon arrivée à l'OM jusqu'à ce mois de mai 1997, date du premier procès de l'OM. Et quelles années... ! J'aurai vécu le meilleur comme le pire. Peut-être tout homme doit-il connaître à la fois gloire et désolation pour comprendre vraiment le sens de la vie ? Mais comme il est difficile de s'en rendre compte et de l'accepter...

Le procès se déroulera devant la sixième chambre du tribunal correctionnel de Marseille, du 12 mai au 30 mai 1997. Mon statut de « mis en examen » s'achève au profit de celui de « prévenu » retenu désormais par le tribunal correctionnel. Trois semaines au cours desquelles il faudra tenter de convaincre le tribunal de la relativité de nos fautes. Trois semaines de stress, de tension, d'espoir, de désillusion, de prise de conscience. Les réunions avec les avocats s'enchaînent tous les jours à un rythme intensif. On relit les procès, les notes, on procède à toute sorte de commentaires, on envisage des ripostes, des objections.

Il est environ 8 heures du matin lorsque je gare ma voiture dans le parking du palais de justice. Je respire un grand coup avant de sortir de mon véhicule. J'ai déjà fait plus de cinq mois de prison. Toutefois, je ne suis pas encore sorti du tunnel.

La justice va-t-elle être rendue avec sagesse ? Mes amis se montrent confiants... Un tribunal, ce n'est pas l'instruction faite par un seul homme. On va pouvoir exposer nos points de vue d'autant plus tranquillement que le contexte « passionnel et conjoncturel » des années 1993-1995 est retombé. Oui, je garde confiance en l'institution judiciaire, et c'est sur cette note d'optimisme que je monte d'un pas assuré les escaliers du parking.

Arrivé à hauteur du majestueux bâtiment rehaussé de ses grandes colonnes, je vois un attroupement. Les corps se bousculent, les flashs jaillissent. J'avale ma salive.

Au fond de moi, une petite voix claironne : « Ça y est ! C'est parti ! Te voici dans l'arène ! »

A peine suis-je engagé sur la place du palais de justice qu'un journaliste se met à courir vers moi. Il m'a reconnu. J'entends au loin : « C'est Laroche ! » Telle une horde d'enragés, tous ses confrères se précipitent aussitôt vers moi. Je suis submergé, micros collés sur ma bouche, ils me pressent de questions. Je reste impassible sans dire un mot, tel que nous l'avons convenu avec mes avocats. Je me suis toujours efforcé de rester accessible et courtois avec les journalistes. Mais là, aujourd'hui, l'affaire est grave, je comparais devant un tribunal pénal. J'ai déjà goûté les charmes de la prison... Alors, prudence ! Tant bien que mal, je me faufile, puis entre dans le palais de justice. Un fonctionnaire de police m'informe que, à l'occasion de ce procès, l'audience a lieu dans la salle principale.

Pour la première fois de ma vie, je vais être jugé en correctionnelle. Je vais être confronté à la décision de la justice. Aussi suis-je impressionné lorsque je fais mes premiers pas dans la salle d'audience qui commence à se remplir. Mes avocats me rejoignent... « Hum... c'est agité aujourd'hui », murmure avec humour Me Anne Milon de Peillon. Son confrère, Frédéric Monneret, me tranquillise avec son calme et son autorité naturelle. L'affaire des comptes de l'OM tient le haut de l'affiche médiatique. Je constate que la passion des médias pour l'OM et Tapie est restée intacte... Mes avocats se placent discrètement devant moi pour faire barrage au mouvement des journalistes et du public. On ne sait jamais, un mot ou un geste mal placé... Le climat de tension est tel... Une remarque mal interprétée pourrait déclencher une catastrophe. Me Anne Milon de Peillon m'indique où je dois m'asseoir, sur le banc des prévenus.

Le calme est un peu long à obtenir.

Le président, M. Richarté, ouvre l'audience, assisté par deux juges assesseurs, MM. Chemla et Antoniotti. Après la longue litanie des appels, des états civils et du rappel des faits, les avocats formulent leurs premières observations. La journée sera centrée autour de quelques incidents d'audience qui nourrissent jusqu'au soir un débat relatif à la procédure.

Round d'observation.

Le lendemain, c'est l'audition des premiers témoins, notamment Louis Nicolin et Jean-Claude Hamel, le premier président du club de Montpellier, le second de l'AJ Auxerre. Ces honorables présidents expliquent au tribunal quelques pratiques connues du monde de football dont certaines nous sont reprochées à l'occasion de ce procès. Les heures se suivent avec leur flot de déclarations, de justifications.

Assis isolément sur le banc des prévenus, Bernard Tapie est encadré par des fonctionnaires de police. Incarcéré depuis l'affaire VA/OM, il a triste mine. La prison semble l'avoir atteint. J'imagine le calvaire qu'il doit vivre au quotidien, car je l'ai vécu moi aussi lors de mes auditions et confrontations chez le juge Philipon. Tapie a dû être « extrait » de sa cellule tôt ce matin. Les conditions de sa défense sont loin d'être idéales pour lui. Le temps consacré aux préparatifs du procès avec ses avocats est en effet assez réduit. Le soir, c'est le retour en cellule et les barreaux, loin de la famille et des proches. Une fois encore, ce qui me choque, c'est l'inégalité entre les prévenus. Aussi la chute prévisible arrive-t-elle à la fin de l'après-midi du 20 mai : victime d'un malaise, Bernard Tapie est hospitalisé à Aix-en-Provence. Le président du tribunal nomme des experts médicaux qui, d'après les examens, concluent que l'état de santé de Tapie ne lui permet pas de comparaître actuellement.

Pensif, je me rends compte que cela fait exactement quatre ans jour pour jour, presque à la même heure, le 20 mai 1993, que s'est joué le fameux match VA/OM...

Le procès reprend le 23 mai 1997. Ce jour-là, Tapie ne paraît guère plus vaillant. Le teint terreux, apathique, il se tasse sur lui-même à mesure que les heures avancent. Préoccupé par son état de santé, le président lui demande à plusieurs reprises s'il se sent bien alors que Tapie se met à transpirer à grosses gouttes. Le président décide alors de suspendre l'audience et fait aussitôt appeler des médecins qui ordonnent son hospitalisation. Les experts médicaux confirment son mauvais état de santé, un traitement lui est prescrit en conséquence. Toutefois, le patient manifeste son désir de voir les débats se poursuivre. Une assistance médicale est alors affectée aux soins de Tapie à l'intérieur de l'enceinte judiciaire, tandis que son traitement de surveillance carcéral se voit allégé. Après son retour, cette seconde fois, les audiences vont enfin se dérouler normalement jusqu'au mercredi 28 mai qui marque l'entrée en scène du procureur, Evelyne Kitanoff. Elle prononce son réquisitoire. Ses demandes de peines tombent comme le couperet d'une guillotine. Sec, brutal et tranchant ! En effet, le procureur requiert contre les prévenus de lourdes condamnations dont la presse se fait largement l'écho dans ses colonnes. Au point que dans l'esprit du public il y a eu confusion entre les réquisitions et la condamnation, alors que cette dernière est intervenue plus d'un mois après le réquisitoire.

De retour à mon domicile, mes enfants, Aurélie et François, me regardent d'un air inquiet. Informés de l'événement du procès par la presse ou la radio, ils n'ont pas bien compris. Vas-tu retourner en prison ? demandent-ils, angoissés. Je les rassure, je leur explique qu'il s'agit seulement d'un réquisitoire. Je leur témoigne mon amour, je donne tout ce qu'un père peut donner.

Le plus dur, c'est de leur apprendre à supporter le stress dû à la pression médiatique et au risque de me voir retourner en prison. Ils doivent rester imperméables aux remarques désobligeantes qu'ils peuvent entendre, ici ou là, de personnes « bien-pensantes » qui n'ont souvent rien d'autre à faire que de critiquer leurs semblables. Pour mes enfants, ce sera un apprentissage brutal de la vie...

Les premières plaidoiries de la défense commencent. A partir de cette date et jusqu'à la fin du procès, sauf pour la dernière comparution le 31 mai après-midi, le tribunal accordera à Tapie une dispense de comparaître, en raison de son état de santé.

Pour la compréhension des pages qui vont suivre, voici un exposé synthétique des faits qui nous ont été reprochés.

En premier lieu, les prêts fictifs aux joueurs : il était d'usage dans les clubs de football en France de consentir des prêts aux joueurs pour faciliter leur installation. Ces avances sont alors comptabilisées à l'actif du bilan au titre de créances financières. Les prêts sont remboursés par divers moyens, dans la majorité des cas par compensation avec des indemnités dues aux joueurs en cas de rupture de contrat. La justice considère cette pratique comme un « montage juridique » visant à masquer un salaire. En ce sens, elle considère qu'il s'agit d'un prêt fictif. Selon elle, ces créances auraient dû être inscrites en charges salariales au compte de résultat et non en créances à l'actif du bilan. Elle assimile donc ces contrats de prêts à des faux. Par ailleurs, elle a qualifié de recel le fait que ces documents comptables étaient détenus au siège de l'OM. Comme je viens de le dire, ces pratiques s'exerçaient dans les clubs bien avant l'arrivée de Tapie à l'OM.

En deuxième lieu, la justice nous a reproché, s'appuyant sur le même arsenal d'articles du Code pénal, le paiement de prestations fictives ou injustifiées dans le cadre de conventions occultes à l'occasion de transferts de joueurs ou pour l'obtention de droits de retransmission audiovisuelle de matchs de football.

Pour mieux comprendre le jugement du tribunal correctionnel de Marseille de juillet 1997, puis l'arrêt de la cour d'appel d'Aix-en-Provence en juin 1998, j'aimerais vous raconter quelques cas concrets sur ces questions de prestations jugées fictives qui représentent la plus importante part des sommes incriminées. Ainsi chacun pourra-t-il apprécier par lui-même l'exactitude des faits et comprendre que la réalité n'est pas toujours aussi maîtrisable qu'on le voudrait. En tout cas, les fautes qui nous été reprochées sont à relativiser par rapport à un contexte donné.

Manuel Amoros

Le transfert de Manuel Amoros de Monaco à l'OM intervient le 11 juillet 1989 pour un montant de 17 millions de francs. En plus de son salaire, il doit percevoir sur une période de quatre ans une somme de 12 millions de francs, somme que je renégocie avec le joueur et son conseil, Me Leroux, le 13 mars 1993 pour la réduire à 11 millions de francs bruts. Pour ce transfert, l'OM a payé une commission de 3,5 millions de francs à la société Cheire Development basée à Dublin. En réalité, nous apprendrons par l'instruction que cette somme a été créditée sur un compte en Suisse au profit de Manuel Amoros. Cette opération avait été montée par l'agent d'Amoros pour que le joueur bénéficie d'un complément de revenus net d'impôts. Amoros, qui a reconnu le délit, a fait l'objet d'un redressement fiscal.

A l'époque de son recrutement, Manuel Amoros est un joueur très demandé. Les modalités de règlement de cette commission de transfert ont été une des conditions de sa venue à l'OM. En tant que résident de la principauté de Monaco, le joueur bénéficie alors d'un régime fiscal plus favorable qu'en France. Il n'a pas voulu perdre cet avantage et a fait monter les enchères. L'OM a accepté pour avoir ce joueur talentueux.

Enzo Francescoli

Le joueur est transféré du Matra Racing à l'OM le 2 août 1989, le montant de la transaction s'élève à 16 millions de francs. Les conventions sont signées entre MM. Francescoli, Bernès et Cazal, ce dernier représentant la société Hadley Corporation qui détient les droits de licence du joueur. Ces droits sont cédés à l'OM pour un prix de 750 000 dollars avec un contrat de trois ans.

Même cas de figure que précédemment. La justice estime que les sommes versées à Hadley Corporation au titre de l'achat d'un droit d'image constituent pour le joueur un complément de salaire déguisé net d'impôts et de charges. La justice considère en effet que la prestation réelle est différente de celle indiquée dans le contrat (le paiement d'un droit d'image). Selon elle, ce contrat est un faux au sens intellectuel. De mon point de vue, la prestation existe réellement, car son paiement permet au joueur d'exercer son métier dans un club. En revanche, il est clair que ce montage évite le règlement des charges sociales et impôts, par conséquent il participe à un principe de défiscalisation des revenus pour les contractants.

Par ailleurs, il faut comprendre que la carrière d'un sportif est courte et sujette à de nombreux aléas (blessures, méforme...). A ce titre, il semble normal que les joueurs veuillent tirer un maximum de profit de leur métier. L'image d'un champion, en termes de notoriété, fait partie de son fonds de commerce. C'est la réalité du business dans le football, mais aussi dans n'importe quelle autre activité sportive ou culturelle mettant des stars en action. Du point de vue de la réglementation, le joueur est propriétaire de son image individuelle. C'est avec lui qu'il faut traiter si le club souhaite exploiter celle-ci sur le plan commercial.

Pour être clair, il faut distinguer deux droits d'image :

D'abord, le droit d'image collectif, c'est-à-dire l'image de l'équipe composée des joueurs. Cette image appartient au club. C'est pour cette raison qu'une télévision ou un sponsor paie le club pour avoir le droit d'exploiter cette image dans des conditions contractuelles précises. Le montant des sommes payées pour ce type de contrat, souvent considérables, dépend de la notoriété du club, donc de l'audience, des retombées médiatiques ou commerciales espérées. Dans ce cas, le joueur n'a pas à intervenir à titre individuel dans le contrat financier. En revanche, il doit respecter les obligations souscrites par le club à l'égard du sponsor. D'ailleurs, lors de son recrutement, le club lui fait signer des obligations à ce sujet.

Deuxièmement, le droit d'image individuel du joueur, à savoir son image personnelle hors de l'équipe. A ce titre, le joueur peut négocier librement des contrats commerciaux, à condition toutefois qu'ils ne viennent pas concurrencer un sponsor officiel du club.

La situation se complique avec certains joueurs de renom qui ont signé, à titre individuel, avant leur recrutement ou qui sont en mesure de le faire, un contrat avec un sponsor concurrent, par exemple un équipementier de matériel sportif. Dans ce cas, les négociations s'engagent afin que le joueur puisse se libérer de ses obligations commerciales et porter la marque du club, en l'occurrence Adidas pour l'OM, et renoncer aux offres de sponsors concurrents pendant la durée du contrat avec le club. Cela se fait généralement dans le cadre d'un contrat d'image par lequel le joueur cède au club tout ou partie de ses droits d'image, moyennant une transaction financière pour compenser le manque à gagner du joueur. Tel est le contexte commercial à l'époque dans le monde du foot.

Ainsi, je me souviens d'un litige qui opposa la FFF aux joueurs de l'équipe de France avant le Mondial 1998 au sujet de la prime consentie par l'instance sportive pour l'utilisation des chaussures Adidas. Les joueurs de l'équipe de France estimaient cette prime insuffisante. A l'époque la presse s'en fit l'écho.

Ces contrats d'image sont alors monnaie courante dans tous les clubs de football.

Dans le cas de Francescoli, il est à souligner que les dirigeants de l'OM ont repris strictement à l'identique le contrat et les conventions établis par le Matra Racing lors de la venue de ce joueur à Marseille. Ces documents ont été signés par le président de l'époque, Jean-Louis Piète, membre éminent du conseil d'administration de la Ligue nationale de football. Ces contrats ont même figuré aux dossiers des enquêtes préliminaires déclenchées par le ministre de la Justice en 1992, comme cela a été mentionné plus haut. Or, les dirigeants de ce club n'ont pas fait l'objet de poursuites judiciaires !

De plus, je tiens à indiquer que les contrôleurs de l'administration fiscale ont accepté les sommes versées à Francescoli au titre de charges déductibles. L'administration a donc accepté cette convention de contrat d'image (ou de licence) au motif que « l'exploitation du droit à l'image s'analyse comme une prestation de service... ». Toutefois, le fisc a procédé à une imposition à la source de ladite somme, sur les bases de l'article 155A du Code général des impôts. Il n'empêche que, de la sorte, l'administration fiscale a reconnu la réalité du contrat d'image en l'assimilant à une prestation de service !

Comme je l'ai déjà dit, les analyses de l'époque émanant des avocats et des experts, et même de Franck Terrier, directeur des Affaires criminelles au ministère de la Justice, n'ont jamais fait état d'un risque pénal mais d'un éventuel risque fiscal.

L'administration fiscale avait confirmé cette analyse dès 1992, bien avant que les affaires pénales de l'OM ne soient poursuivies par la justice... Devons-nous donc estimer que les dirigeants de l'OM ont agi inconsidérément et avec l'intention manifeste de commettre des délits de nature pénale ? Sûrement pas !

Chris Waddle

Le transfert du célèbre joueur anglais est un cas fort intéressant car il illustre toutes les difficultés rencontrées au cours de ce genre d'opération. Le législateur interviendra ultérieurement pour fixer les règles du métier d'agent et d'intermédiaire.

Il faut d'abord préciser qu'une opération de transfert comporte deux volets : la négociation avec le joueur, assisté la plupart du temps d'un agent (aujourd'hui ceux-ci sont agréés par la FIFA), et la négociation avec le club vendeur, propriétaire du contrat du joueur, qui se fait payer les droits de mutation du transfert. L'affaire du recrutement de Waddle commence en juillet 1989. La négociation a débuté entre Bernard Tapie et Denis Roach, l'agent du joueur anglais. Un premier montant de transaction a été fixé entre les deux hommes.

Les négociations s'opèrent également, en parallèle, avec Tottenham, club vendeur. Pour ce faire, Tapie est assisté de Ljubomir Barin. Les tractations se poursuivent entre M. Cholar, président de Tottenham, Waddle et son avocat, Mel Stein. Tous semblent s'être mis d'accord. Waddle sera transféré à Marseille pour un montant de 45 millions de francs. Dans le même temps, Denis Roach négocie les modalités concrètes du futur salaire du joueur à l'OM.

A cette époque, Tapie présente Jean-Pierre Bernès à l'ensemble des parties et le charge de la suite des négociations. Une enveloppe de 24 millions est fixée pour la rémunération du joueur et le paiement des commissions aux intermédiaires : un salaire mensuel de 150 000 francs pendant quatre ans sera payé au joueur (7,2 millions de francs), la différence (16,8 millions de francs) devant être versée à la société Toranco, chargée de gérer les droits d'image de Waddle et de payer les intermédiaires.

Cet accord intervient lors d'une réunion, le 12 juillet 1989. C'est alors que surgit un conflit entre Denis Roach, Mel Stein et Len Lazarus, respectivement agent, avocat et expert comptable de Chris Waddle. Ces personnes passent leur temps à donner des informations contradictoires à leur client au sujet de la transaction, si bien que ce dernier décide de suspendre son arrivée à l'OM, contractuellement prévue au plus tard le 18 juillet 1989.

Or, la somme de 45 millions correspondant au transfert a déjà été versée par l'OM au profit de Tottenham. Tapie adresse aux agents du joueur une lettre comminatoire réclamant l'arrivée de Waddle à la date prévue, sous peine de rompre le contrat. Dans le même temps, nous apprenons que Chris Waddle semble vouloir se séparer des services de Roach ; il nous décline l'identité de ses nouveaux conseils mandatés pour négocier son transfert à Marseille, à savoir Stein et Lazarus qui se feront assister par le cabinet d'avocats parisien Brizay, Meilichzon, Prats & Moitry.

Jacques Prats, l'un des avocats associés de ce cabinet réputé, prend les commandes des négociations, assisté de sa consœur, Caroline London. Dans un fax daté du 18 juillet 1989 et adressé à Bernès, Me Prats lui soumet un projet de lettre dont « la signature avant 14 heures permettrait l'arrivée ce jour de Chris Waddle à Marseille ». Cette lettre est, en fait, le résumé des conditions financières accordées au joueur Waddle pour venir à l'OM ainsi que le descriptif des honoraires et commissions aux intermédiaires.

A cet envoi a été joint un autre projet de lettre que Tapie doit signer au plus tard à 17 heures ce même jour. Cette lettre oblige Tapie à se porter personnellement garant des obligations de l'OM à l'égard de Waddle. L'injonction est assez autoritaire et laisse entendre que Waddle ne viendra pas à Marseille si ces lettres ne sont pas signées à la date et à l'heure indiquées. Le post-scriptum du fax informe d'ailleurs que, Chris Waddle ayant pris une réservation pour le vol Londres-Marseille de 14 h 35, il est demandé que lesdites lettres soient impérativement signées avant 14 heures. Tapie n'apprécie pas la méthode employée, mais il paraît difficile de refuser : les fonds du transfert ont déjà été versés, avec la délivrance d'une garantie bancaire pour le complément. Nous sommes à ce moment-là à trois jours de la reprise du championnat, le vendredi 21 juillet. Enfin une commission de 1,5 million vient d'être versée à l'agent Denis Roach... L'OM ne pouvant plus reculer, Tapie accepte les conditions fixées par le cabinet d'avocats parisien. Chris Waddle arrive dans l'après-midi du vendredi 18.

Au bout de quelques jours de compétition et d'entraînement, l'entraîneur Gérard Gili se rend compte que Waddle ne fournit pas le volume de jeu espéré. Etrange... Que se passe-t-il ? Certains pensent que cette contre-performance serait due à un problème de surpoids, de mauvaise adaptation aux conditions climatiques, la chaleur...

Denis Roach, qui prétend toujours être l'agent de Waddle, rencontre Bernès fin août 1989 pour une mise au point. L'agent de Waddle prétend qu'il aurait négocié avec Tapie un montant plus important pour la rémunération de son client que celui apparaissant sur la lettre signée par l'OM le 18 juillet 1989. Or, cette lettre a été établie par le cabinet Prats représentant les nouveaux conseils de Waddle, Stein et Lazarus ! Les relations se durcissent... Il y a clairement deux groupes rivaux qui s'opposent pour récupérer la gestion du transfert de Waddle. Ce dernier ne fournit toujours pas le rendement attendu. Une rencontre de conciliation est organisée courant août entre M. et Mme Waddle, Roach et Mel Stein, à l'occasion de laquelle le joueur anglais doit désigner son agent. Finalement, il choisit définitivement

Mel Stein, son avocat, qui désormais le représentera dans toutes les discussions.

Le 25 octobre 1989, Waddle, Stein et Lazarus se rencontrent à Marseille avec Bernès dont le bureau est mitoyen du mien. Soudain, des cris éclatent. Vite, je me lève et me précipite, mais je tombe sur une porte close. Je frappe :

— Jean-Pierre, ça va ? Que se passe-t-il ?

Les cris éclatent de nouveau, puis un bruit de bousculade. Je frappe, la porte s'ouvre enfin. Visiblement très énervé, Bernès se tient debout derrière son bureau. Face à lui, il y a un homme de taille moyenne, le crâne un peu dégarni, portant le bouc. L'homme se frotte le poignet comme pour apaiser une douleur. A ses côtés se trouve un autre personnage qui se tourne vers moi :

— Nous avons été agressés par M. Bernès ! Nous voulons porter plainte !

L'altercation entre les trois hommes semble avoir été sérieuse. Pour détendre la situation, je réponds en anglais d'une voix calme :

— Ne vous énervez pas. On va essayer de comprendre ce qui s'est passé.

Hors de lui, Bernès contient mal sa fureur. Il serre dans sa main une feuille de papier froissé. Je le regarde, un peu interloqué :

— Que s'est-il passé, Jean-Pierre ?

— Ce type, là, voulait m'arracher ce contrat, répond-il, me montrant la feuille qu'il tient dans sa main. Il dit que ce n'est pas le bon document et que je dois le lui rendre. Moi, je dis que ce ne sont pas des méthodes ! Voilà ! Je ne négocie plus avec eux !

Sur ces mots, Bernès sort en claquant la porte.

Toujours en anglais, pour les rassurer, car ils parlent à peine notre langue, je prie mes interlocuteurs de se rasseoir et de se présenter. Un peu rasséréné, Mel Stein, l'homme dégarni portant un bouc, m'explique :

— Bernès refuse de me rendre le document établi par Jacques Prats, document qui est, selon moi, erroné.

— Ce n'est pas loyal de sa part ! clame en écho Lazarus.

Puis Stein s'exclame :

— Je veux que l'on appelle un médecin et la police pour faire constater ma blessure au poignet ! Il me montre son poignet qui est effectivement rouge, mais cela ne semble pas grave.

— Je ne quitterai pas le bureau avant ! Tout doit être réglé dans la journée, car je dois reprendre l'avion ce soir.

La légende du flegme britannique vient d'être écornée...

Je fais venir quelques rafraîchissements, puis je lui demande de me raconter l'histoire par le début. J'écoute attentivement. Le climat se détend.

Un quart d'heure plus tard, le téléphone sonne. Ma secrétaire m'annonce que Tapie veut me parler ; elle me passe la communication dans mon bureau, tandis que je lui demande de tenir compagnie à Mel Stein et Lazarus. Déjà informé par Bernès, Tapie me demande de lui confirmer les griefs exprimés par les agents anglais : « Les deux hommes menacent de faire rapatrier Waddle dès ce soir, si les solutions ne sont pas trouvées dans les meilleurs délais. »

Tapie sait que nous ne pouvons pas transiger... L'OM a en effet investi des sommes conséquentes dans ce transfert qui constitue alors un record en France. Même si Waddle ne produit pas le rendement souhaité, Tapie a la conviction qu'il est un grand joueur et que sa forme va s'améliorer... Impossible de faire machine arrière, Bernard Tapie me charge officiellement de régler l'incident. Aussitôt le téléphone raccroché, je fais la lumière sur cette affaire. Voici donc comment se dessine l'histoire... Denis Roach détient un document sur lequel figurent un certain nombre de sommes que l'OM devait payer à Waddle au cours de son contrat. Selon Roach, ces montants ont été arrêtés lors de sa première négociation avec Tapie. Or, l'énumération des sommes prête à confusion, car elles n'ont pas été totalisées. Non sans malice, Roach cherche à montrer à Waddle qu'il a fait le mauvais choix en désignant Mel Stein comme son agent. Il informe Waddle qu'il lui a obtenu une somme complémentaire au contrat de base (incluant la commission des intermédiaires) d'un montant de 16,8 millions de francs et non pas 12,8 millions de francs comme mentionné sur la lettre rédigée par l'avocat Prats, soit 4 millions de plus ! Dans la foulée, mécontent, Waddle convoque Stein et Lazarus et il les met en demeure d'obtenir des conditions financières aussi avantageuses que celles prétendument négociées par Roach, sans quoi ils seront virés.

C'est sur cette base que la discussion a éclaté entre les agents anglais et Bernès. Les deux hommes souhaitent à tout prix mettre la main sur le document établi par Me Jacques Prats où est mentionnée une somme de 12,8 millions. Selon Bernès, ce document des avocats parisiens correspond aux derniers accords établis par les nouveaux négociateurs ; ce sont eux qui font réellement foi ; il se prétend donc dans son bon droit, sachant que, par ailleurs, les premiers accords laissent une trop grande part à l'ambiguïté quant au montant total.

J'en informe Elie Fellous et lui fais part de mes inquiétudes : quelle réponse donner aux conseillers de Waddle sur les 4 millions supplémentaires demandés par eux sur pression de Waddle, lui-même habilement manipulé par Roach ? Ce dernier espère-t-il ainsi décrédibiliser Stein et consorts ? J'annule tous mes rendez-vous et je passe le reste de la journée avec Mel Stein et Len Lazarus qui vont bientôt me formuler leurs demandes précises. Le dialogue est renoué… Pour ma part, préalablement à toute négociation, j'exige que la somme de 1,5 million de francs versée à Roach nous soit restituée. Selon moi, c'est le problème de Stein que d'obtenir un tel remboursement en tant que nouvel agent officiellement habilité à traiter les affaires de Waddle.

Le soir, le joueur anglais, ses conseillers et moi dînons dans un restaurant à Aix-en-Provence. J'attaque bille en tête :

— Chris, je veux que tu me confirmes ta position au sujet des modalités financières initiales sur lesquelles tu es d'accord.

Il m'expose brièvement les faits.

Je le sens sur la défensive et très énervé. Il me confirme, notamment, la somme de 16,8 millions francs.

— Pourquoi alors ton avocat, Me Prats, a-t-il envoyé un courrier avec un montant différent ?

— Je ne sais pas...

Très sec, il poursuit :

— Il s'est trompé ! 16,8 millions, c'est la somme que je veux !

J'essaie d'argumenter. Soudain, très crispé, Waddle lance brutalement :

— Il me faut un accord maintenant, sinon j'arrête de jouer...

L'ambiance est lourde, Stein et Lazarus sont mal à l'aise, car ils ont commis une erreur et Waddle est furieux contre eux. Après un long silence, je sens que Waddle va se lever pour partir. On est au bord de la rupture.

Je leur demande de patienter quelques minutes. Je quitte la table pour téléphoner à Tapie et l'informer de la position de Chris Waddle. Tapie ne veut pas prendre le risque d'une rupture et me donne son accord sur cette somme. De retour auprès des trois Anglais, j'annonce :

— OK pour 16,8. Quel montage envisagez-vous ?

— Les termes des contrats sont déjà établis, me répond l'avocat Stein, visiblement soulagé. La société Consensus Limited facturera les honoraires pour le transfert. La société Happy Promotion, qui gère l'image du joueur et fournit des renseignements sur le monde du football, facturera des honoraires à ce titre. Les contrats seront finalisés par le cabinet parisien Brizay, Meilichzon, Prats & Moitry.

Waddle prend acte de notre accord, puis reste silencieux.

Le repas s'achève sur cet accord.

Je suis soulagé, car la rupture avec le joueur aurait été lourde de conséquences, mais je demeure perplexe sur les conditions dans lesquelles s'est déroulée la négociation. Mais bon, nous ne pouvions pas faire autrement. Quant au montage juridique, il est établi par des avocats réputés...

Le 3 novembre, je reçois une lettre du cabinet d'avocats parisien, signée par Caroline London, m'informant que la signature des différents documents est prévue le mardi 7 novembre prochain. J'en remets une copie à Jean-Pierre

Bernès, à Elie Fellous et à nos avocats pour avis. Pas de contre-indication, vous pouvez y aller. Bon, d'accord...

Le rendez-vous de signature a lieu à Marseille avec l'ensemble des parties. Comme certaines formulations relatives à la société Consensus Limited ne conviennent pas aux avocats de Waddle, la signature définitive est reportée. Pour l'OM, j'obtiens le remboursement des honoraires versés à Roach.

Les contrats seront finalement signés les 14 et 17 novembre. En contrepartie, Waddle signe un document attestant que ses exigences financières ont été honorées selon ses demandes, qu'il renonce à ses réclamations et que les documents antérieurs sont considérés comme nuls.

Quelques jours plus tard, à l'issue du match contre Monaco, le 22 novembre, les commentateurs sportifs précisent dans leurs colonnes que Waddle vient de faire un grand match. Certains commencent même à s'émerveiller de la qualité de son jeu. Le joueur anglais se serait enfin adapté au climat français et au système de jeu de l'équipe marseillaise, explique-t-on. Moi, j'ai une autre explication, moins sportive celle-là, mais passons...

Chris Waddle a été un grand champion. Il a fait rêver des millions de personnes et a contribué pour une large part au succès de l'OM. Tout le monde se souvient de ses dribbles magiques, de son but remarquable contre le Milan AC, ouvrant au club marseillais les portes de la demi-finale de la coupe d'Europe en 1991. D'ailleurs, un sondage montre que, parmi tous les joueurs de l'OM, il a été le plus apprécié des Français après Papin.

Le dossier du transfert de Waddle est exemplaire à plus d'un titre. En premier lieu, il convient de souligner le montant très élevé pour l'époque du transfert. Et déjà on voit poindre l'inflation des prix dans les opérations de transfert. Waddle est en effet convoité par d'autres clubs prêts à faire grimper les enchères.

Le nombre important d'intermédiaires intervenus au cours de cette opération est un autre fait à souligner : pas moins de neuf intervenants se sont bousculés pour prendre soin des affaires du joueur anglais, entraînant d'inévitables conflits d'intérêts. Waddle est effectivement une sacrée poule aux œufs d'or.

Enfin, il faut noter que, dans la conception des contrats, l'OM n'est jamais intervenu. Rappelons que ces contrats sont l'œuvre d'avocats prestigieux, en France comme en Angleterre, parfaitement au fait des tenants et aboutissants du dossier Waddle. Soyons clair, jamais ces juristes n'ont évoqué un risque pénal au cours de l'opération. J'observe également qu'ils n'ont pas fait l'objet de poursuites judiciaires, hormis Mel Stein et Len Lazarus. Enfin, là encore, les commissions rogatoires ont permis d'établir que Waddle a bien été le bénéficiaire final des sommes versées aux sociétés Happy Promotion et Consensus Limited. Waddle n'a pas non plus été inquiété par la justice !

Seuls les dirigeants de l'OM ont été sanctionnés dans cette affaire. Or, si nous avons été condamnés pour abus de bien social, en toute logique, pourquoi cela ne fut-il pas également le cas du bénéficiaire ? Ainsi, la justice condamne ceux qui ont payé dans l'intérêt de l'OM, mais elle ne poursuit pas le joueur qui a exigé de telles conditions financières ! Ce paradoxe pose le vrai problème de l'équité avec laquelle ont été traités les divers protagonistes.

Profession : intermédiaire...

Spiros Karageorgis

Le paiement de prestations fictives à des agents étrangers constitue un autre volet de nos condamnations. Ces intermédiaires « officiels » ou « officieux », comme le précise la cour, se nomment Spiros Karageorgis, Alain Migliaccio, Ljubomir Barin, Manuel Ferreira-Barbosa, Miroslav Blazevic, Jean-Louis Haguenauer et Claude Ghidalia, dirigeant de la société RMGP.

Spiros Karageorgis est présenté à Tapie par Alain Migliaccio, agent agréé FIFA, ami et associé de Jean-Pierre Bernès dans un fonds de commerce de restaurant. A cette époque, Spiros Karageorgis est un personnage honorablement apprécié à l'UEFA. Il appartient à une grande famille grecque comptant des hommes politiques influents et des chefs d'entreprise. Il a reçu une excellente éducation, parle couramment sept langues, son érudition est réelle. Bref, il inspire d'emblée la confiance. En tout cas, c'est mon sentiment quand Jean-Pierre Bernès me le présente pour la première fois à Marseille.

Les rapports de Karageorgis avec l'OM sont nombreux et variés. Pour ma part, je m'occupe seulement de payer ses factures qui me sont présentées par Bernès revêtues de la mention « bon à payer » et de sa signature, selon la procédure prévue. En revanche, il est vrai que nous avons entretenu des relations commerciales lors de la constitution de la société Hespérides, pour laquelle il a demandé mon concours en matière de management. Possédant un réseau relationnel de niveau international, Karageorgis souhaite développer du business. Je sais que la pression à l'OM ne sera pas tenable à long terme et que ce n'est qu'une étape dans ma vie professionnelle. Il me faut donc penser à l'avenir. Je vois dans la proposition de Karageorgis une belle opportunité de faire fructifier mes connaissances et de voler plus tard de mes propres ailes.

Les missions principales de Karageorgis pour l'OM consistent à recueillir des renseignements sur les clubs, futurs adversaires du club marseillais. Les coupes d'Europe constituent un domaine particulier, qui réclame un savoir-faire à la mesure de l'enjeu. En 1989, l'OM découvre la compétition internationale au plus haut niveau. Le club n'a que très peu d'expérience en la matière. Il a besoin des conseils avisés d'intermédiaires de cette envergure, capables de régler les nombreux problèmes qui peuvent se présenter dans le champ d'action particulier des coupes européennes. Cette activité d'espionnage est monnaie courante dans le monde du foot, surtout lorsqu'il s'agit d'un adversaire inconnu. Rien en effet ne doit être laissé au hasard quand approche un challenge international. Aussi les intermédiaires vendent-ils très cher leurs prestations, les informations confidentielles recueillies sur l'état de forme de l'équipe adverse, les forces et les faiblesses des joueurs, la tactique de jeu envisagée, la composition de l'équipe... mais aussi sur les questions logistiques à prévoir lors des déplacements, comme la protection des personnalités et des lieux où se trouvent les équipes. Ces intermédiaires apportent également leur concours pour la négociation des droits de publicité ou de retransmission avec les clubs adverses. Il faut imaginer que les négociations en la matière peuvent s'avérer complexes dans certaines régions comme les pays de l'Est.

Ce sont ces prestations que Karageorgis facture alors au club marseillais, comme il le confirmera lors des auditions, ainsi que les autres dirigeants du club et Bernard Tapie. A l'exception de Bernès qui a laissé sous-entendre que les sommes en question ont pu servir à d'autres destinations moins avouables. C'est à partir de ces insinuations que l'idée de la corruption a germé dans l'esprit du juge Philipon. Mais, quand on demande à Bernès d'être plus précis, il se débrouille pour ne pas répondre, voire pour revenir sur ses propos comme cela s'est produit devant la cour d'appel d'Aix-en-Provence : « Je ne sais plus... C'est ce que j'ai entendu dire... Peut-être... » Comme le diront plusieurs avocats au sujet des déclarations de Bernès sur la corruption, cela devient « l'histoire de l'homme qui a vu l'homme qui... »

Il est vrai que les libellés des prestations secrètes des factures de Karageorgis apparaissent en termes généraux, assez imprécis, et que les sociétés constituées pour ce type d'activité se révéleront, lors de l'instruction, plutôt fantomatiques. Les apparences ont joué contre nous. J'ai fait confiance à l'homme d'affaires grec qui m'a assuré être bien propriétaire des sociétés émettrices des factures.

Je le reconnais, ma participation dans la société Hespérides aux côtés de Karageorgis a contribué à la confusion et m'a mis en sérieuse difficulté face au juge, même si ce projet n'a rien eu d'illicite et si, en réalité, je ne m'en suis pas occupé. Cette association avec Karageorgis a entretenu un doute permanent à mon sujet.

Par ailleurs, la création de la société Ficonsult a été de nature à affaiblir encore plus ma position dans le dossier. Pourtant, les commissions rogatoires ont montré que cette société n'a jamais eu d'activité. Aussi a-t-elle été dissoute quelques mois après sa création. J'ai cru à la bonne foi de Karageorgis, à son sérieux. Je n'ai pas vérifié les informations qu'il me communiquait au sujet de ces deux sociétés. J'ai commis là une grave erreur que j'allais payer au prix fort...

Le juge, en effet, est persuadé que ces deux sociétés auraient pu constituer un début d'organisation de caisse noire. Fort de sa conviction, il imagine alors qu'il existe un plan concerté pour alimenter cette supposée caisse noire, d'autant plus que notre expert-comptable transmet de façon régulière à Elie Fellous des états comptables et de gestion détaillés des mouvements financiers de l'OM. Le juge veut montrer que tous les dirigeants sont informés de nos mouvements comptables. Par conséquent, selon lui, cela relève d'une organisation structurée voulue par les dirigeants de l'OM. Si tel avait été le cas, cela aurait été une bien pauvre caisse noire, ai-je répliqué au juge ; la société Ficonsult n'a jamais fonctionné, ni ses comptes. Par ailleurs, le compte de la société Hespérides n'a enregistré que deux entrées d'argent pour un total d'environ 300 000 francs, et une seule sortie de 50 000 francs dont seul M. Ashenden, l'associé de Karageorgis, a été le signataire, le solde étant resté au crédit du compte.

Le juge a reconnu cette évidence, mais m'a tout de même demandé si je pouvais admettre que ces sociétés ont bien constitué un embryon de caisse noire resté à l'état végétatif. Je ne l'ai jamais avoué, car ce n'était pas la vérité.

Dans la logique du juge d'instruction, puisqu'il ne s'agissait pas d'une caisse noire, il m'a alors soupçonné d'avoir bénéficié à titre personnel des sommes reçues par Hespérides, sommes, je le rappelle, versées par Karageorgis et non par l'OM. Là encore, la théorie du juge ne tient pas debout, car je n'avais pas le pouvoir d'effectuer seul un paiement à Karageorgis : tous les paiements supérieurs à 100 000 francs étaient en effet exécutés sur ordre de Bernès (pour ce qui concerne le domaine sportif et des intermédiaires) et devaient revêtir deux signatures en plus de la mienne, par exemple celle du vice-président, Jean-Louis Levreau, sans parler du contrôle de gestion effectué de façon régulière par Elie Fellous. Oui, la théorie du juge ne tient pas, pourtant, lui, me tient bien ! Ces affaires m'ont porté un grave préjudice et ont lourdement pesé sur moi tout au long des procès. Aujourd'hui, j'ai bien compris la leçon.

Pour en revenir à Karageorgis, je reste persuadé que ses prestations facturées n'ont pas été fictives. Tapie n'aurait jamais accepté de payer un intermédiaire pour des services bidon. Bernès m'a d'ailleurs plusieurs fois confirmé leur efficacité. Aujourd'hui, il apparaît que certaines de ces factures ont été émises par des sociétés fantômes et elles comportent des mentions douteuses. Pour tout dire, je n'ai pas contrôlé ces aspects formels, n'ayant pas à remettre en cause la réalité des prestations facturées. Je note que pas un de nos experts-comptables ou commissaires aux comptes de l'OM ou de la Ville de Marseille n'ont émis de réserve à leur sujet. Cela ne semble pas avoir ému le juge Philipon. Etrange. Bien que s'agissant d'hommes de l'art, indépendants, expérimentés et percevant de confortables honoraires, eux, ils ont eu le droit à l'erreur et donc à l'indulgence du juge d'instruction Pierre Philipon... pas moi, ni les autre dirigeants de l'OM !

L'homme d'affaires grec a été également le consultant de la régie publicitaire RMGP, dirigée par Ghidalia. A ce sujet, il faut mentionner que Elie Fellous est le cousin germain de Ghidalia. A cette époque, il a dans cette régie publicitaire un mandat de gestion et, à ce titre, il perçoit des honoraires de celle-ci. Ainsi Migliaccio, Bernès, Fellous, Ghidalia, Karageorgis se connaissent-ils parfaitement bien. Dans ces conditions, il est difficile de croire Bernès quand il prétend devant la cour d'appel ne pas être au courant des relations entre Ghidalia et Karageorgis. Autre élément du dossier : Ghidalia a affirmé, pour se disculper, que les opérations menées par lui pour le compte de sa société RMGP avec des intermédiaires, notamment Karageorgis, ont été déclenchées à la demande de Tapie et organisées par moi. Il se rétractera devant la cour d'appel, reconnaissant qu'il a agi uniquement pour son compte.

Le juge va mettre Ghidalia en difficulté au sujet d'un écrit portant sa signature et prouvant qu'il a été le bénéficiaire des opérations faites avec Karageorgis. Ghidalia prétend alors qu'il n'est pas l'auteur de ce document. Le juge fait réaliser une étude graphologique par deux experts près la cour d'appel, qui concluent que l'écriture et la signature sont bien celles de Ghidalia. Voilà le profil du personnage...

Il est primordial de préciser au sujet de la société RMPG que la position de Bernard Tapie à l'égard de Ghidalia a été claire dès le début de l'instruction, comme il l'explique au juge au cours de l'une de ses auditions : « Il faut que chacun gère ses problèmes. Si Ghidalia a envoyé de l'argent sur les comptes de Karageorgis, cela ne regarde que lui. A aucun moment l'OM ne s'est servi de Ghidalia pour utiliser de l'argent occulte. Si Ghidalia avait des relations avec Karageorgis, c'était pour son compte... Si des gens se sont sucrés avec l'OM, il s'agit essentiellement de Ghidalia, qui a largement profité de sa situation vis-à-vis du club. »

J'ai souvent entendu parler dans la presse ou au cours des auditions d'éventuelles corruptions de joueurs par l'entremise de Karageorgis ou d'autres. Je tiens à m'élever ici contre cette affirmation mensongère. Si on pouvait truquer un match aussi facilement, l'OM n'aurait jamais perdu contre le Sparta Prague et l'Etoile rouge de Belgrade alors qu'il s'agissait de matchs très importants. Les joueurs des pays de l'Est sont beaucoup moins payés que leurs compagnons de jeu des pays de l'Europe de l'Ouest. Ils pourraient être tentés par l'argent facile, mais ce n'est pas le cas. C'est d'ailleurs une grande injure pour eux que de le penser et de le dire. Il s'agit de joueurs de grande qualité, passionnés, tenaces, courageux et bourrés de talent. Ils ont gagné leurs matchs au mérite et ils donnent le meilleur d'eux-mêmes pour se faire remarquer par les sélectionneurs étrangers.

Je suis par ailleurs outré que l'on puisse penser que l'OM a obtenu ses victoires en trichant. A un tel niveau de compétition, les joueurs n'ont qu'une seule idée en tête : gagner ! Je n'aurai de cesse de combattre cette théorie de la corruption. J'ai farouchement maintenu cette position devant le juge Philipon qui m'en a voulu. Il est très facile de faire courir des rumeurs. L'OM a gagné ses matchs par le talent de ses joueurs, de ses dirigeants et de son président, tout comme il les a perdus en raison des fautes commises par ces mêmes personnes, un point c'est tout.

Ljubomir Barin

Ljubomir Barin, intermédiaire agréé FIFA, a perçu des honoraires à l'occasion du transfert des joueurs Tigana et

Roche à l'OM. Au moment où s'engagent ces opérations en 1989, je suis encore inexpérimenté et je règle la facture à cet intermédiaire, sur ordre de Bernès. Barin est alors influent au club des Girondins de Bordeaux. Au cours de l'instruction judiciaire, Jean-Pierre Bernès a prétendu que le produit de cette facture a aidé Barin à constituer des ressources occultes pour prendre en charge de manière « accueillante » des arbitres en séjour à Marseille. Je n'ai jamais eu vent officiellement de l'existence de tels actes, même si les rumeurs à ce sujet ont existé dans le milieu du foot. Une fois encore, Jean-Pierre Bernès n'hésite pas à naviguer dans le fantasme pour obtenir les bonnes grâces du juge Philipon. En tout cas, ces factures ont été payées sur ordre de Bernès et co-signées par le vice-président, Jean-Louis Levreau. Les arbitres sont des hommes adultes, responsables. C'est leur faire offense que de prétendre qu'il sont corrompus. Il faut savoir que l'accueil des arbitres et des équipes visiteuses est codifié par l'instance sportive européenne. Le club marseillais a toujours respecté ces instructions à la lettre, recevant ses hôtes avec honneur, ce qui me semble être la moindre des choses. Nous avons toujours été félicités par l'UEFA à ce sujet.

Manuel Ferrera Barbosa

Manuel Ferrera Barbosa a fourni devant la cour d'appel un ensemble de pièces qui éclairent la réalité de certaines pratiques à l'occasion des transferts de haut niveau : il a expliqué le principe du contrat d'option d'achat qui permet d'éviter la surenchère des transactions comme cela eut lieu lors du transfert d'un joueur de réputation internationale, le Brésilien Bébéto, justement fort demandé à cette époque. Le juge nous a accusés de faux contrats et Bernès a abondé dans ce sens...

Barbosa est un homme respecté au Portugal et au Brésil, agent incontournable pour les transferts des joueurs de cette nationalité, il est agréé par la FIFA et proche du club de

Benfica. Homme honnête, c'est dans un français impeccable qu'il a exposé ses points de vue au tribunal. Il devient très combatif quand Bernès met sa parole en doute. Il a été d'ailleurs très affecté par les accusations mensongères de Bernès.

A l'inverse de Karageorgis, Manuel Barbosa dispose d'une organisation juridique structurée. Ses sociétés sont enregistrées auprès de l'administration compétente du Portugal. Il peut faire valoir ses déclarations fiscales sur les revenus perçus au titre de ses activités avec l'OM. C'est pourquoi il a été intégralement relaxé par la cour d'appel.

La guerre des droits de retransmission. Unipack & Baxane

Parmi les prestations versées à des intermédiaires, il y a celles qui concernent l'organisation de matchs dans le cadre des droits de retransmission et de publicité.

L'OM vient de battre le prestigieux Milan AC. Qualifié pour la finale de la coupe des champions, le club marseillais doit rencontrer le Spartak de Moscou, le mercredi 10 avril 1991 à Moscou et le mercredi 24 avril à domicile pour le match retour. A l'époque, nous sommes sous contrat avec TF1 et Canal Plus, lequel nous oblige à fournir à ces deux chaînes les images de nos matchs joués à domicile et à l'extérieur. Lorsqu'il s'agit de grands clubs européens, les problèmes sont rares : un accord d'échange réciproque des droits de retransmission et des panneaux publicitaires est conclu entre les clubs qui se rencontrent. Mais les affaires se révèlent plus délicates quand le club rencontré n'est pas intéressé, pour diverses raisons, par la réciprocité pure et simple. C'est le cas à l'époque du Danemark, de la Grèce et des pays de l'Est... Comme il est indispensable d'acheter les droits de retransmission au club concerné, les négociations entre dirigeants s'avèrent parfois d'une extrême rudesse. Une des clauses de notre contrat de droits télévisés déclare : « L'OM garantit au diffuseur (Canal Plus ou TF1) les droits de diffusion des matchs joués par l'OM tant à domicile qu'à l'extérieur. En conséquence l'OM s'engage à faire son affaire de régler les montants demandés par les équipes adverses de l'OM. » Cette obligation assez lourde est justifiée par le fait que le club perçoit des droits télévisés importants pour l'époque en contrepartie d'une exclusivité consentie à ces deux diffuseurs partenaires du club. Mais voici comment, en pratique, ce marché peut donner lieu à une foire d'empoigne et nous contraindre à recourir aux services d'intermédiaires pour sauver le contrat de diffusion, tout simplement...

La finale approchant, Bernès, Goethals, Beckenbauer et un agent agréé de la FIFA, rencontrent une délégation officielle dirigée par le président du Spartak de Moscou, M. Pchlyapin. Les responsables des négociations trouvent un accord de principe, reste à déterminer le prix de la cession des droits de publicité et de retransmission. Quelques jours après, un groupe de négociateurs, composé de Bernès, Claude Ghidalia (société RMPG) et Beckenbauer se rend à Moscou. L'OM propose un million de francs pour les droits de télévision. Le Spartak demande un délai de réflexion pour se décider sur cette offre et procéder à la traduction de notre contrat.

Trois semaines avant le match, le Spartak nous apprend qu'il a reçu une offre supérieure émanant d'une chaîne TV concurrente, à savoir Antenne 2, et cela *via* une société intermédiaire. Par ailleurs, la société ISL a acheté les espaces publicitaires. Fureur de Tapie qui vient d'être grillé sur le fil ! Comment faire pour honorer notre exclusivité avec nos deux diffuseurs partenaires ? De nouvelles discussions s'entament dans la confusion entre les différents et nombreux interlocuteurs...

Difficile de savoir qui fait exactement quoi au Spartak de Moscou. Nous apprenons que la société intermédiaire qui a acheté les droits se nomme Infobank, celle-ci est représentée par la société Baxane, mandatée par le Spartak de Moscou pour vendre les droits télévisés de la finale. Début avril, TF1 et Antenne 2 annoncent publiquement qu'ils diffuseront la finale ! La guerre des diffuseurs redouble d'intensité.

Hors de lui, Tapie passe un gros savon à Ghidalia dont la mission est justement de verrouiller ces opérations de retransmission. Il a déjà fait une erreur auparavant contre l'AEK Athènes, nous y reviendrons... Tapie s'en souvient, il est vraiment très remonté contre Ghidalia. Il lui demande de trouver une solution dans les meilleurs délais. Les enjeux économiques sont énormes. Le patron de la société RMPG est terrifié par la colère de Tapie, son contrat risque de ne pas être renouvelé l'année suivante. Il s'expose aussi à récolter une mauvaise réputation dans le monde fermé de la pub.

Appels téléphoniques en tous sens, voyages à Moscou, rencontres à répétition, tractations, faux désistements, coups de bluff... la situation reste bloquée, chacun prétend détenir les droits, chacun commence à vendre les espaces publicitaires. Bernard Tapie intervient auprès d'Hervé Bourges, président d'Antenne 2 et de FR3, tandis que M. Forterre, directeur de la société ISL-France, se frotte les mains : il est ravi de voir Tapie dans les choux ! Il espère prendre une revanche sur le patron de l'OM et Ghidalia. Un nouveau coup de tonnerre éclate : l'ordonnance de première instance du tribunal de Genève confirme la légalité de la transaction entre Infobank et Antenne 2 ; le diffuseur concurrent peut donc retransmettre le match en toute légalité. Là, ça commence à devenir chaud... La veille du match, la situation est toujours bloquée.

Après des heures de négociation, Antenne 2 renonce finalement à diffuser le match le 10 avril au matin, soit le jour de la rencontre. Ce même jour un protocole est conclu qui prévoit le versement par l'OM d'une indemnité de retrait pour un montant de 350 000 dollars au bénéfice d'Infobank. A charge pour cette dernière de régler les litiges avec les autres partenaires de l'opération qui se retrouvent ainsi exclus.

En plus de cette indemnité transactionnelle qui dédommage Infobank de son manque à gagner, l'OM devra payer l'achat des droits de la retransmission, soit 500 000 dollars, au Spartak de Moscou via la société Unipack, représentée par M. Sisovic. En réalité, seuls 300 000 dollars seront versés par l'OM à Unipack, car Tapie a renégocié le montant des droits au prétexte des déplorables conditions de la transaction. Au final, même si l'affaire a coûté cher, elle a toutefois été bénéficiaire ; elle a surtout permis de préserver l'intégrité du contrat signé avec TF1 et Canal Plus. C'est là l'essentiel.

Ghidalia, quant à lui, a suivi la fin du combat à distance. Comme à son habitude, quand cela devient un peu trop délicat, il se retire pour envoyer sur le front son fidèle et dévoué adjoint, Christophe Dubois.

Forterre, patron de la société ISL, porte le masque de la défaite. Tapie a gagné sur toute la ligne, car ISL doit rétrocéder à RMPG 50 % des recettes des panneaux publicitaires placés sur le stade.

Quelques minutes avant le début du match qui oppose l'OM au Spartak de Moscou, Tapie est inquiet... Accompagné de M. Sisovic, dirigeant du Spartak et de la société Unipack, il me fait signe de le suivre. Sous les gradins du stade de Lénine, nous courons à la recherche d'un bureau muni d'un poste de téléphone. Lorsque nous trouvons enfin le refuge espéré, Tapie bondit sur le combiné et compose le numéro de son épouse en France. La communication ne passe pas. Tapie trépigne. Soudain :

— Allô ? Chérie ? Tu as allumé la télé ? C'est bon... Tu vois les images du stade à l'écran ? Et sur les autres chaînes ? Non ? Rien ? Alors c'est OK pour l'OM...

Ouf ! Jusqu'au dernier moment, nous avons craint le pire. Plus de doute possible, les images du match sont bien transmises en exclusivité par TF1. Dans ce petit bureau, Tapie me donne instruction de remettre à Sisovic le chèque d'acompte de 300 000 dollars que j'établis sur place à l'ordre d'Unipack.

Petite cerise sur le gâteau... Alors que l'on dirige nos VIP vers les tribunes peu avant le coup d'envoi, on s'aperçoit que nos places réservées sont occupées ! Stupeur ! Elles ont été vendues deux fois ! Je cède à l'énervement, car je dois faire respecter nos engagements contractuels avec nos VIP. Sisovic arrive tant bien que mal à recaser nos invités, faisant déplacer des spectateurs russes indésirables.

Nous venions de vivre encore une péripétie d'une extrême intensité, mettant en scène des chaînes de télévision françaises privées et publiques, des régies publicitaires internationales, un recours devant la justice de Genève, la FFF, etc. Bref, une sorte de guerre à couteaux tirés. Le business du football européen, c'est bien la jungle à cette époque !

Voilà un aspect des difficultés que l'on peut rencontrer dans les matchs de coupe d'Europe pour la gestion des droits de retransmission et publicitaires. La réglementation décidée par l'UEFA en 1992 a permis de normaliser les relations entre les clubs. C'est désormais l'UEFA qui récolte les droits et reverse les redevances aux clubs concernés.

Ces événements relatifs à la retransmission du match de Moscou ont été relatés par la presse. Il n'empêche que nous sommes condamnés pour ce dossier, car l'objet social de la société Unipack est alors étranger aux activités du football et de l'audiovisuel. Comme je l'apprendrai bien après au cours de l'instruction, derrière cette entité se cachent en réalité d'obscurs circuits financiers, articulant des comptes de passage entre Baxane et des intermédiaires que je ne connais pas à ce moment-là. Sommes-nous réellement fautifs, alors que nous n'avions aucun moyen de connaître l'existence de tels circuits financiers ?

Mais, là encore, les accusations de Bernès pèsent lourdement sur nos têtes. Il prétend qu'une partie des sommes de la transaction a été utilisée pour corrompre deux joueurs... Calomniez, calomniez, il en restera toujours quelque chose ! Quoi qu'il en soit, l'UEFA fait son enquête et ne trouve pas la moindre trace de corruption de joueurs dans ce match.

J'ai déjà évoqué l'aspect carnassier de l'univers du football... En voici une nouvelle illustration : une chaîne de télévision, la cinquième, tentera à son tour quelques mois plus tard d'acheter les droits de retransmission du match Sparta Prague/OM, faisant fi de notre accord d'exclusivité avec les diffuseurs TF1 et Canal Plus.

Oui, tous les coups sont alors permis et la moindre baisse de vigilance peut avoir de graves conséquences.

AEK Athènes : Gidopoulos

J'ai dit que Bernard Tapie a été furieux contre Ghidalia lors du contentieux qui a opposé l'OM à Antenne 2 pour la diffusion du match de Moscou. Le patron du club marseillais avait ses raisons, Ghidalia ayant déjà commis des erreurs à l'occasion du match OM/AEK Athènes en octobre 1989.

La veille au matin du match aller, Ghidalia me fait venir en urgence dans un hôtel à l'est de Marseille. Il est en compagnie de personnes qui prétendent être des dirigeants de l'AEK Athènes. Il me fait part au téléphone de ses difficultés rencontrées pour l'acquisition des droits TV et publicitaires. A ce moment-là, Bernès, qui a suivi le dossier, se trouve avec nos joueurs et ne peut donc pas venir au rendez-vous.

La réunion débute dans une ambiance tendue. Le traducteur m'indique que l'AEK Athènes souhaite vendre les droits de télévision du match retour à Athènes pour un montant de 350 000 dollars. Je connais déjà la réponse de Bernard Tapie : il refuse tout simplement de payer une telle somme. Pour un match de deuxième tour de coupe d'Europe, c'est beaucoup trop cher ! Les discussions se poursuivent avec une grande dureté. On se sépare sur cette position de désaccord. A la veille d'un match important de coupe d'Europe, Tapie n'est pas à prendre avec des pincettes. L'explication entre lui et Ghidalia est violente. Le lendemain matin, ce dernier parvient non sans mal à un accord : 150 000 dollars pour les droits TV, Ghidalia s'occupant des droits pub qu'il va gérer en direct.

Mais la confiance ne règne guère entre les parties. Ghidalia me précise que la délégation grecque réclame la remise d'un chèque de garantie en attendant le match retour. En accord avec Bernard Tapie, nous acceptons cette demande, sous réserve toutefois que le chèque ne soit présenté qu'après la bonne retransmission des images, c'est-à-dire à la fin du match retour.

Par mesure de précaution, j'informe notre banque de

l'opération, précisant que le chèque émis à l'ordre de l'AEK Athènes sera revêtu de la seconde signature obligatoire à l'issue de la retransmission du match retour. Mais, dès le lendemain, la banque m'appelle en me disant que quelqu'un vient de se présenter au guichet pour tenter d'encaisser le chèque en question. Cette personne ne semble pas bien au fait des procédures bancaires car, s'agissant d'un chèque barré, elle ne peut l'encaisser au guichet — d'autant que l'ordre du chèque ne correspond pas au nom de cette curieuse personne. Je demande à mon correspondant de la banque de dire à cette personne de venir me voir à mon bureau. L'affaire semble déraper...

Dans le milieu de l'après-midi, je reçois dans mon bureau à Marseille la visite d'un individu dont le visage ne m'est pas inconnu. Il s'agit en effet de l'homme qui a servi d'interprète à la table des négociations avec l'AEK Athènes. Surnommé Tony le Grec, il porte une belle moustache. Il me parle du chèque qui n'a pas pu être encaissé le matin même.

Rapidement ses propos se durcissent, puis il m'accuse avec violence d'avoir trompé la délégation grecque et il me menace de mort si je ne donne pas l'ordre de payer immédiatement le chèque de garantie. Il écarte légèrement le pan de sa veste pour me laisser croire qu'il est armé. Sans me démonter, je lui réponds :

— S'il y a une personne qui manque de correction, c'est bien vous, cher monsieur. Il a été convenu que ce chèque serait payé après le match retour, quand les images auront été correctement diffusées. Le chèque sera payé à cette date, comme convenu. Un point c'est tout ! De plus, je vais en informer de ce pas le président de l'AEK Athènes.

Tony le Grec quitte le bureau en réitérant ses menaces. Je contacte aussitôt Daniel Chaze, le directeur de cabinet du préfet, délégué à la sécurité, qui me fait recevoir en fin d'après-midi par le commissaire du 8e arrondissement. Il se trouve que le dénommé « Tony le Grec » est connu des services de la police. Elle le convoque séance tenante et, après une sévère mise au point, Tony le Grec revient me voir pour me présenter ses excuses :

— Je me suis un peu emporté, dit-il. J'espère que l'affaire va se régler normalement.

Il me propose même sa médiation pour arranger le contact avec l'AEK Athènes !

Je lui rappelle que tout se passera comme convenu si les images sont correctement diffusées.

Cet incident déclenche de nouvelles et rudes discussions entre les parties. Tapie demande à Ghidalia de verrouiller le dossier. Il refuse d'abord, puis, devant l'insistance du patron de l'OM, il envoie son adjoint, Christophe Dubois, à la table des négociations. Les Grecs exigent finalement un chèque libellé à l'ordre de M. Gidopoulos, président de l'AEK Athènes. Le montant demandé est plus élevé que prévu initialement. Tapie refuse de régler un franc de plus. Je fais alors établir un chèque de banque de 150 000 dollars, soit environ 940 000 francs à l'époque. Ce prix est conforme au prix du marché pour un deuxième tour de coupe d'Europe, générant moins d'audience, donc moins de recettes.

Je signale à Elie Fellous que le chèque est directement libellé au nom du président Gidopoulos et non à celui de son club. D'un air dépité, Fellous me répond : « Que voulez-vous y faire... Là, au moins, l'identité du bénéficiaire est claire... Allez-y. »

Je me rends à Athènes et rejoins mon hôtel. A peine arrivé, les Grecs souhaitent que je les retrouve au club « pour discuter »... Tapie refuse que j'entre en contact avec eux. Il demande aux services de sécurité d'assurer ma protection. Nouvelle tentative des Grecs pour faire monter les enchères. Tapie s'énerve : « C'est non ! Je reste sur mes positions ! »

Le soir de la veille du match, à l'occasion de la réception officielle, l'ambiance est sombre. De toutes les réceptions auxquelles j'ai eu la chance d'assister, celle-ci me paraît bien être la plus désagréable. Lors des allocutions officielles, Tapie et Gidopoulos ne manquent pas de se lancer quelques piques. Je quitte la réception bien avant la fin avec Levreau et les autres dirigeants de l'OM.

Je rentre à l'hôtel où je séjourne avec les joueurs de

l'OM. C'est exceptionnel, car d'habitude je loge dans l'hôtel de nos VIP. Face au climat belliqueux qui règne entre les deux équipes, Tapie a préféré que les principaux dirigeants s'installent à l'hôtel des joueurs où la sécurité est renforcée. Le lendemain, je suis heureux de prendre le petit déjeuner en compagnie des joueurs au dernier étage de l'hôtel Hilton où la vue sur l'Acropole est somptueuse.

Tout au long de la journée, la tension monte comme avant chaque rendez-vous à haut niveau. Pour ma part, s'y ajoute un stress supplémentaire : les Grecs vont-ils tenir parole ? Le match va-t-il être retransmis dans de bonnes conditions ?

L'ambiance est lourde. Tapie, intuitif, demande que le délégué de l'UEFA s'installe dans le car de nos joueurs pour se rendre au stade.

Nous traversons la ville et, arrivés à destination, une horde de supporters bloquent le car dans un étroit passage, à quelques mètres de la porte du stade. Nous sommes en réalité bombardés de projectiles par les supporters grecs. Le car est secoué. Le délégué de l'UEFA, qui se trouve à l'avant du car, est terrorisé par cet accueil d'une rare hystérie. Que fait la police ? Pris de panique, le chauffeur se lève d'un coup pour s'enfuir, mais Tapie le rattrape par le col et l'oblige à rester assis à son volant. Dans le car, il n'y a pas un bruit. Je suis assis à côté de l'un des représentants de la FFF. Nous sommes tous fort impressionnés.

Après une demi-heure passée dans cette furia, les membres du service d'ordre parviennent à s'approcher du car. Ils font libérer un passage étroit. Le chauffeur avance le car de quelques mètres pour le coller tout près de la porte d'entrée du stade. Les policiers dressent leur bouclier, faisant ainsi un tunnel pour nous protéger des projectiles qui tombent dans notre direction comme une pluie d'orage. C'est ainsi que nous pénétrons dans le stade de l'AEK Athènes. Ambiance garantie...

A peine les joueurs de l'OM se présentent-ils sur le terrain pour « sentir » la pelouse comme il est d'usage, qu'un horrible barouf explose dans le stade, suivi d'une volée de pièces métalliques tranchantes qui s'abat sur eux. C'est la guerre ! Les joueurs rebroussent chemin à la hâte. Bernard Tapie proteste auprès du délégué de l'UEFA encore sous le choc des longues minutes passées dans le car. Ce dernier convoque aussitôt le président de l'AEK Athènes. Décidément, ce match se présente sous les meilleurs auspices...

En attendant, la retransmission de la rencontre n'est toujours pas assurée. Le responsable de l'émetteur local, avec lequel Karageorgis est entré en contact, semble prêt à établir une liaison, mais il attend une instruction de l'AEK Athènes.

Karageorgis nous a rejoints au moment de notre arrivée. Il a la mine défaite, car depuis le match à Marseille, il subit la pression énorme de Tapie et Bernès qui exigent de lui la parfaite maîtrise de la logistique autour de notre équipe. Les événements récents prouvent que Tapie a eu raison de prendre autant de précautions. Karageorgis se confond en excuses pour le dérapage des supporters grecs. Objectivement, il n'y pouvait rien. Imaginez : il a fallu une compagnie de forces de sécurité pour arriver à nous dégager le passage jusqu'à l'entrée des vestiaires distante seulement de cinq mètres !

Je suis en train d'attendre dans le couloir à côté des vestiaires. Bernard Tapie me fait signe de rester sur place :

— Laroche, vous avez le chèque de banque sur vous ? me demande-t-il discrètement avant de disparaître.

Je lui adresse un signe positif de la tête. En réalité, je l'ai confié à un des accompagnateurs de l'OM par mesure de prudence, au cas où quelqu'un aurait tenté de le récupérer de force. Peu après, Bernard Tapie réapparaît, accompagné du président du club athénien. Tapie me fait signe de le suivre avec Karageorgis. Ayant récupéré le chèque, tous les quatre nous pénétrons dans un petit local niché sous les tribunes. Là, le président athénien et Bernard Tapie engagent une discussion assez âpre. Karageorgis fait office d'interprète. Les minutes passent, la situation reste bloquée. Dans la poche intérieure de ma veste, il y a le chèque établi à l'ordre du président du club athénien... M. Gidopoulos. Ce chèque s'accompagne d'une lettre officielle de la banque en guise de garantie complémentaire. Ce document a d'ailleurs été traduit en grec par le consulat grec à Marseille pour lever toute ambiguïté. Notre homme est vraiment choyé.

Tapie campe sur ses positions alors que Gidopoulos réclame 200 000 dollars américains de plus...

A moins d'un quart d'heure du coup d'envoi, un accord intervient, chacun ayant cédé un peu de son terrain : 75 000 dollars supplémentaires sont accordés à Gidopoulos, soit environ 470 000 francs. Mais je n'ai pas de carnet de chèques sur moi ! C'est là que Karageorgis, qui connaît bien certains dirigeants de l'AEK Athènes, entre en jeu et propose d'assurer lui-même le paiement de la somme. C'est donc Karageorgis qui signe sur-le-champ un accord avec Gidopoulos. Nous le rembourserons plus tard.

En attendant, le président de l'AEK Athènes décroche un vieux poste de téléphone. Karageorgis nous traduit : Gidopoulos vient de donner son accord à l'organisme de diffusion pour la retransmission.

La course continue...

Perchés dans la cabine de télévision en haut du stade, les journalistes de Canal Plus attendent le signal qui indiquera le début de la retransmission. De la pelouse, nous pouvons les apercevoir, mais nous n'avons pas de moyen de les contacter. Alors, Karageorgis me fait revêtir une parka aux couleurs de l'AEK. On fonce tous les deux dans les tribunes ! Vite ! Seulement quelques minutes encore avant le coup de sifflet de l'arbitre ! L'homme d'affaires grec m'ouvre le chemin. Puis il se retourne et me regarde d'un œil inquiet, m'expliquant que je dois veiller à ne pas prononcer le moindre mot en français, car cela pourrait vraiment dégénérer. Les mouvements de la foule restent en effet imprévisibles. Les gradins sont bondés. Il nous faut enjamber les bouillonnants supporters de l'AEK Athènes. Quand nous arrivons à hauteur de la cabine des journalistes, je leur adresse un signe en tendant mon pouce : OK ! Ils font un geste me faisant comprendre que la connexion vient d'être établie. La retransmission va être possible ! Je retourne vers la pelouse, car c'est la voie la plus rapide et sûre pour regagner le camp marseillais. J'essaie d'être le plus transparent possible. La tension est vive au milieu des supporters grecs. Les joueurs font leur entrée sur le terrain sous les huées infernales des supporters. La séance de photos officielles à peine terminée, voici que des dizaines de projectiles sont lancés en direction des joueurs marseillais. Malgré tout, le coup d'envoi est donné, tandis que la retransmission du match se déroule dans les conditions normales. Les panneaux publicitaires ont été correctement installés aux emplacements prévus, sous la supervision de Dubois, l'adjoint de Ghidalia, ce dernier étant prudemment resté au chaud à Marseille.

Après une rude bataille, les Marseillais sont qualifiés pour le tour suivant. Nous réglons la facture d'honoraires et débours de Karageorgis pour son intervention dans le dossier de l'AEK Athènes. Cette facture figure parmi les faits qui nous sont reprochés devant le tribunal. Les documents produits qui attestent des services rendus lors de cette usante et pénible opération commerciale ne semblent pas assez probants. Nous serons condamnés au motif que les prévenus sont incapables d'expliquer pour quelles raisons le compte bancaire de Gidopoulos a été crédité et non celui de l'AEK Athènes... Je conviens aisément que le récit de ces faits puisse ne pas paraître crédible aux yeux du juge confiné dans le calme de son bureau. Et pourtant, cela s'est réellement passé comme je viens de le raconter.

Vers la fin d'un procès plein de paradoxes

Samedi 31 mai 1997. Dernières plaidoiries.

Au soir de l'audience, mes avocats entrent en scène, d'abord Anne Milon de Peillon, puis Frédéric Monneret. Outre les arguments développés plus haut, ils font aussi appel au bon sens. Anne Milon de Peillon se lance dans une plaidoirie remarquée sur la morale. De sa voix de ténor, Frédéric Monneret rappelle les principes du droit, notamment l'absence de caractère intentionnel des faits, et replace les actes reprochés et les protagonistes dans leur contexte.

Après trois semaines de tension, de stress, les plaidoiries de mes avocats me font craquer...

Anne et Frédéric vous avez été brillants ; vous avez exprimé avec conviction ce que je ressens. Je ne suis ni un voleur ni un escroc, je suis tout simplement un type honnête qui a fait son boulot du mieux possible, dans le cadre d'une hiérarchie, en respectant des procédures internes. Bref, je suis à l'opposé de l'image machiavélique décrite par le procureur. Oui, je suis certain que vos arguments ont été entendus par le tribunal. Moi, vous m'avez touché en plein cœur, je ne peux m'empêcher de retenir quelques larmes.

Voilà, c'est la fin des audiences.

Après trois semaines aussi intenses, il y a comme un grand vide dans la salle ; trois semaines où nous avons été un peu en dehors du monde. Il faut revenir aux réalités quotidiennes. Surtout la terrible attente du jugement.

Le jour du délibéré arrive, le 4 juillet 1997.

Mon épouse, enceinte de huit mois, m'accompagne au tribunal. Nous sommes unis... Le verdict tombe... Le tribunal correctionnel finalement ne suit pas les réquisitions du procureur dans des proportions importantes. Néanmoins, pour Bernard Tapie, la peine est sévère : c'est dix-huit mois de prison ferme. Ghidalia écope de douze mois de prison ferme. Pour ma part, le tribunal prononce une peine qui couvre ma détention provisoire... Voilà, comme ça, le juge Philipon peut être satisfait de m'avoir détenu sous son aile si clairvoyante... La même peine ferme est prononcée contre Fellous.

Même si ce jugement ne me satisfait pas, je ne fais pas appel. Je veux sortir de ce processus judiciaire qui consomme tout mon temps et mon énergie. Il met les nerfs de ma famille à trop rude épreuve. Je veux pouvoir maintenant travailler à reconstruire ma vie privée et professionnelle.

Mais le parquet est mécontent de ce jugement. Le procureur fait donc appel contre l'ensemble des prévenus. Je vais être obligé de retourner devant la justice, en l'occurrence la cour d'appel d'Aix-en-Provence.

Tiens... les titres de la presse paraissent tout d'un coup plus nuancés depuis l'annonce du délibéré de ce premier jugement.

Un an plus tard

L'audience d'appel se déroule en seulement quatre jours, du mardi 24 mars au vendredi 27 mars 1998, sous l'autorité du président Franck Lapeyrère, assisté de deux conseillers, Mmes Delpon et Bérenger. Le président examine le dossier en faisant des synthèses sur les principales infractions qui nous sont reprochées. Une grande sérénité s'élève des débats menés par le président avec autorité, compétence et surtout beaucoup de dignité.

Il se dégage de ces débats une image assez différente de celle d'une entreprise de fraude dirigée par des hommes malhonnêtes comme certains ont voulu nous décrire par le passé. J'ai le sentiment que la passion est tombée... Un examen objectif des faits ramène les débats à plus de mesure.

Le jour des plaidoiries, le journal *La Provence* a titré : « Bernard Tapie plaide à guichets fermés. » Il est vrai que la salle est véritablement comble pendant les plaidoiries prononcées dans un silence respectueux.

De par leur force percutante, on retiendra celles de Mes Marc-Michel Leroux pour Jean-Louis Levreau, Jean-Jacques Campana pour Manuel Ferrera Barbosa, Jean-Louis Pelletier pour Michel Hidalgo, Catherine Martini pour Blazevic.

La plaidoirie de Me Gilbert Collard reste étonnamment sobre. Celui-ci fera tout de même une allusion à ce qu'il a appelé « les dérives de la période mitterrandienne ».

Puis c'est le tour de mes avocats, Me Anne Milon de Peillon et Me Frédéric Monneret. Chacun dans son style me défend avec talent.

Ce sont les avocats de Tapie qui font ensuite leur entrée en scène, d'abord le bâtonnier Henri Bollet, puis Me Vincent Pinatel et pour conclure, Me Gaëtan Di Marino qui, dans une plaidoirie fort remarquable, teintée de finesse et d'humour, d'une parfaite maîtrise du droit, s'efforçant de rendre compte au plus près de la réalité du dossier, résume l'ensemble des arguments développés au cours des débats.

Que faut-il retenir de ce procès ? Je ne vais pas refaire les brillantes plaidoiries des avocats. Simplement, j'aimerais rappeler certains arguments pour mémoire, puis attirer l'attention sur certains points qui me semblent primordiaux et que l'on doit à tout prix garder à l'esprit pour la bonne compréhension de cette affaire aux arrière-plans éminemment politiques.

Le contexte

Les faits se sont déroulés pendant les années 1987-1993, époque à laquelle il n'existait aucune espèce de réglementation pour les transferts, la gestion des droits de télévision et publicitaires en coupe d'Europe.

L'Olympique de Marseille a utilisé les mêmes pratiques que celles des autres clubs, comme le confirme la note confidentielle du ministère adressée à la Ligue de football le 26 mai 1992 : sur 20 clubs contrôlés, 19 ont présenté les mêmes caractéristiques...

Ces pratiques sont alors intégralement connues des autorités du football, comme le prouve la déclaration faite en avril 1992 par le président de la FFF à la suite d'une commission d'enquête désignée à ce sujet : « Il y a longtemps que la Fédération s'occupe de ce problème. C'est donc une péripétie. Il n'y a rien de très nouveau. »

Il est vrai que les fautes des autres n'excusent pas nos propres fautes. Mais il est troublant que seul l'OM ait été poursuivi.

La corruption

Si le mot corruption a été souvent employé, créant la confusion, le parquet de Marseille n'a jamais cependant délivré le moindre réquisitoire supplétif au juge sur ce thème.

Les salaires et les commissions

Comme nous l'avons vu, les contrats d'image des joueurs ont été considérés par la justice comme une forme de salaires déguisés et donc comme « des faux intellectuels » au sens strict du droit pénal.

Sur un total de l'ordre de 73 millions de francs mis en cause par la justice, les sommes payées aux joueurs et encaissées par eux représentent plus de 59 millions de francs.

Les joueurs ont été les bénéficiaires avérés de ces paiements. L'instruction a eu connaissance de ces faits par les commissions rogatoires internationales, mais n'a pas entamé de poursuites judiciaires contre les bénéficiaires de ces sommes. Ces joueurs ont appartenu à l'OM et ont contribué à ses victoires. Les avocats excluent donc la notion d'abus de bien social de ce point de vue.

Pour ma part, je suis ravi que ces joueurs n'aient pas été poursuivis : je ne trouverais pas normal que, sous prétexte d'avoir joué à Marseille, ils aient été inquiétés par la justice, alors qu'ils ne l'ont pas été quand ils se sont trouvés sous contrat dans d'autres clubs, profitant des mêmes avantages financiers.

S'agissant des autres sommes, environ 14 millions sur le total de 73 millions, elles ont été payées certes souvent de manière maladroite et avec des libellés douteux à des intermédiaires, mais elles ont permis de régler des services précis et utiles à l'activité du club. Il importe enfin de relativiser ces sommes : sur la période reprochée d'une durée de six ans, elles représentent environ 2,3 millions de francs par an en moyenne. Comparées au budget annuel de l'OM et au volume des masses des transferts, elles restent très modestes.

La préméditation

Dès les premières gardes à vue, en 1990, les responsables de l'OM ont spontanément adressé un ensemble de documents à la police judiciaire et au ministère de la Justice. Ce sont les analyses de ces documents qui ont fait dire au directeur des Affaires criminelles du ministère de la Justice que, de son point de vue, ce dossier ne comportait pas de caractéristiques d'ordre pénal mais pouvait relever d'éventuelles fraudes fiscales. En outre, de nombreux experts et avocats ont été consultés à ce sujet. De sorte que, sur le plan intentionnel, il paraît difficile d'adresser des reproches aux dirigeants de l'OM. Bernard Tapie a rappelé à la barre qu'il avait personnellement pris contact à plusieurs reprises avec le ministère du Budget et le ministère de la Justice. A ce moment-là, aucune suite pénale n'a été envisagée.

Le contrôle et la gestion des comptes de l'OM

Tout au long de la période litigieuse, les comptes de l'OM ont été régulièrement contrôlés et validés par les commissaires aux comptes du club ou de la Ville de Marseille, les responsables des instances dirigeantes, de la DNCG, les contrôleurs fiscaux de l'Etat, sans parler de l'audit du cabinet BDA Deloitte Touche... Or, pas un de ces experts n'a émis de réserves particulières sur une éventuelle irrégularité de nos comptes.

L'enrichissement personnel

Si le club marseillais a commis des actes répréhensibles du fait de l'absence d'une réglementation adaptée, il n'a pas cependant commis d'actes en vue d'un enrichissement personnel ou de corruption. Il faut rappeler qu'aucune poursuite à ce titre n'a été engagée contre les dirigeants de l'OM. Il est également intéressant de noter que l'OM et ses dirigeants n'ont pas été poursuivis pour fraude fiscale. Enfin, rappelons une fois encore que tous les actes engagés par l'OM et ses dirigeants l'ont été dans l'intérêt du club.

Ma vraie faute

On ne peut dégager l'OM de l'environnement politique dans lequel il se trouve à l'époque. Tout comme on ne peut pas nier la force politique que représente alors Bernard Tapie. Non seulement le club marseillais n'a pas essuyé de poursuites à ce moment-là, mais il a été encouragé à poursuivre dans sa quête de victoires. La présence de nombreuses personnalités du monde politique à l'occasion des matchs de l'OM montre à quel point cette entreprise a été soutenue. Aussi ma vraie faute aura-t-elle été de croire qu'un blanc-seing unanime des plus hautes autorités du pays nous avait été donné sur notre gestion.

J'ajoute que si j'avais été directeur financier dans un autre club à cette même époque, je n'aurais sans doute pas fait l'objet de poursuites judiciaires ! C'est là un de mes drames.

Comme le fit remarquer avec brio Me Monneret dans sa plaidoirie : « La grande difficulté pour l'OM et son directeur financier était de concilier une rigueur nécessaire au plan de l'orthodoxie comptable, juridique et fiscale avec un environnement du football qui était totalement en décalage sur le plan de la réglementation par rapport aux règles du droit commun. Les systèmes de contrôle interne de l'OM montrent qu'aucune décision de paiement n'a pu être prise sans un processus de décision collective. De sorte que l'OM n'a pas été une entreprise gérée de manière erratique mais de façon structurée, cohérente et transparente. »

Pourquoi le particularisme des pratiques liées au football a-t-il été toléré dans les autres clubs à l'exclusion de l'OM après 1993 ?

Au plus fort de notre croissance et du soutien du monde politique, que fallait-il que je fasse ? Refuser de payer les contrats de Waddle, Francescoli, Stojkovic et ceux de tous les autres ? Refuser de payer tous les intermédiaires qui ont servi aux succès de l'OM ? Prendre le risque de priver nos supporters et nos sponsors des images d'un match à l'extérieur ?

Pourquoi aurais-je dû être plus royaliste que le roi ?

Pourquoi de ma seule initiative aurais-je dû tout arrêter ? On m'aurait pris pour un fou, un briseur de rêve pour des millions de personnes ! Ce n'est pas la prison que j'aurais risqué, mais l'asile psychiatrique ou, du moins, de me retrouver au chômage pour... incohérence comportementale !

Les causes réelles du dépôt de bilan de l'OM

L'arrêt de la cour d'appel d'Aix-en-Provence du 4 juin 1998 justifie ses condamnations pour abus de bien social notamment parce que « ces pratiques ont causé un préjudice aux finances du club qui s'est appauvri. D'autre part, l'utilisation des fonds sociaux [...] était contraire à l'intérêt social de la société en ce qu'elle exposait l'OM au risque anormal de sanctions pénales et fiscales contre elle et contre ses dirigeants et portait ainsi atteinte à son crédit et à sa direction ».

En juin 1999, soit un an après le procès en appel, M. Louis Pigeon [1] remet son rapport d'expertise des comptes

1. Expert judiciaire nommé par le tribunal de commerce de Marseille pour déterminer les causes du dépôt de bilan de l'OM et la responsabilité éventuelle des dirigeants.

de l'OM. A la lecture de ce document, je ne peux une fois encore m'empêcher d'éprouver un fort sentiment d'amertume. En effet, ce rapport vient contredire de manière foudroyante bien des affirmations du débat, notamment l'arrêt de la cour d'appel cité plus haut. Pour ma part, je pense que l'entreprise OM a plutôt été enrichie à la suite des contrats passés avec les élites du football et de son entrée sur la scène des compétitions européennes. Ces éléments ont su donner à l'OM le pouvoir de négocier des contrats publicitaires et de droits audiovisuels à un haut niveau de prix.

Le dépôt de bilan de l'OM trouve en réalité ses causes non pas dans les paiements reprochés par la justice, mais dans les sanctions sportives décidées contre le club en 1993, puis en 1994. Pour se faire une idée objective sur ce point, il suffit de se référer au rapport d'expertise de M. Louis Pigeon : « Les causes du dépôt de bilan sont liées directement aux sanctions sportives prises contre l'OM au cours de l'été 1993 puis en 1994. [...] Les sanctions subies par le club au plan sportif ont entraîné, sinon largement contribué à sa déconfiture, tant par l'absence de recettes qui s'en est suivie que par l'inexigibilité des avances reçues sur les droits de retransmission télévisée (TF1 et Canal Plus). »

En outre, l'expert confirme : « Le montant des pertes de chiffre d'affaires suite aux sanctions sportives dont le club a fait l'objet peut donc être estimé à 160 millions au moins », soit à peu près celui que j'avais prévu lors de l'annonce de ces sanctions... Il faut préciser qu'il s'agit ici presque de la disparition d'un bénéfice net car les frais fixes, notamment les salaires, étaient engagés et ne pouvaient pas sensiblement diminuer à court terme. Sans parler de la dépréciation soudaine, à divers titres, de la valeur de nos contrats de joueurs.

Par ailleurs, le juge précise que « les contrôles que j'ai effectués sur la gestion du club ne comportent pas d'anomalies flagrantes, comme d'ailleurs les précédents contrôleurs légaux et contractuels n'en avaient pas non plus relevé ».

Pour compléter son analyse, l'expert M. Louis Pigeon a eu accès au dossier pénal et fiscal de l'OM tout au long de son expertise. On ne peut donc pas lui reprocher son manque d'objectivité ou d'arguments. Il avait une vue exhaustive des différents aspects de ce dossier pour mener à bien son travail.

C'est à perdre son latin... En tout cas, cela confirme ce que j'ai toujours soutenu depuis le début de l'affaire pénale devant le juge Philipon, puis devant les tribunaux : qu'en est-il de la gestion occulte dont nous avons été accusés à de nombreuses occasions ? On ne peut qu'être troublé par ces éléments favorables qui tordent le cou aux vilaines rumeurs ! Il est regrettable que l'expert ait été contraint de différer la clôture de ses travaux au 29 juin 1999, privant la cour d'appel de ce document essentiel.

Je rappelle également que l'OM a été démuni d'un coup de ses dirigeants, directement ou indirectement, par des décisions de justice. A cet égard, j'ai toujours trouvé audacieux que le juge Philipon me reproche le trouble à « l'ordre public » causé par le dépôt de bilan de l'OM (cela a été un de ses arguments pour me maintenir en détention !) alors qu'il est à l'origine de mon interdiction de travailler dans ce club, m'empêchant de la sorte de défendre l'entreprise. Au moment où je suis frappé par cette interdiction, les juges enquêteurs constatent que nous avons maîtrisé la crise financière du club et que nous respectons les budgets ! Quand le juge me parlait du mauvais bilan de l'OM, mon sang se mettait à bouillir ! On comprend pourquoi. Tous ces constats sont des éléments supplémentaires qui pèsent lourd en coïncidences et paradoxes surprenants dans ce dossier bien difficile à refermer sans éprouver un profond sentiment d'injustice.

Retour à la vie quotidienne

Après les plaidoiries, le réquisitoire.

Bien qu'il soit assez nuancé dans ses propos, les demandes de M. Mondon, substitut général, sont presque aussi sévères qu'en première instance.

A nouveau l'angoisse monte...

En ce matin du 4 juin 1998, je me retrouve dans la salle d'audience de la cour d'appel d'Aix pour le délibéré. La cour procède à la lecture de son arrêt. Nous obtenons un certain nombre de relaxes, en particulier le dossier relatif aux facturations et aux interventions de Manuel Ferrera Barbosa, et les facturations de la société IAM relatives aux transferts des joueurs Rüdi Voeller et Martin Vasquez et d'autres. Je suis satisfait que, sur ces points-là, mes arguments développés conjointement avec d'autres prévenus aient été entendus par la cour. Finalement, je suis condamné à de la prison avec sursis et à 200 000 francs d'amende. Les principaux prévenus seront condamnés à des peines sensiblement identiques : la cour a considéré que tous les intéressés étaient parfaitement informés des actes de chacun du fait du processus décisionnel et de contrôle interne. Seul Tapie sera un peu plus sévèrement condamné sans pour autant subir la prison ferme.

Même si je suis un peu déçu par cette condamnation, elle constitue néanmoins une réelle victoire tant les peines sont éloignées des réquisitions du procureur. Pour ma part, j'ai donc accompli cinq mois et une semaine de prison pour rien puisque je ne suis pas condamné à de la prison ferme. En ce sens, les observateurs avisés de ce procès considèrent que l'arrêt de la cour d'appel ressemble à un désaveu cinglant du dossier d'instruction et du réquisitoire du procureur qui n'a d'ailleurs pas assisté à la lecture de l'arrêt. L'avocat de Bernard Tapie, Me Gaëtan Di Marino, professeur de droit à la faculté d'Aix, a même déclaré : « C'est une sorte de relaxe déguisée désavouant cinq ans d'instruction et deux réquisitoires. »

Ainsi, un point final est mis sur le volet pénal de cette affaire.

Point final... non, car il faut maintenant refaire surface, vivre, remonter la pente. Quelle bataille... Quel soulagement... Que vais-je faire maintenant ? Comment vais-je gérer ma vie ?

Je me retrouve, à la sortie du tribunal, un peu sonné, la tête dans le vide.

— Pouvez-vous nous ramener Anne et moi ? me demande Frédéric Monneret.

Je suis nerveusement épuisé. Heureusement, la justice est revenue à une juste proportion des choses. Il n'empêche que le juge Philipon m'a retiré cinq mois et une semaine de ma liberté et de mon travail. Tout ça pour rien...

— Bien sûr, je vous raccompagne...

Anne et Frédéric montent dans ma voiture. Tous les trois nous roulons sur le chemin du retour vers Marseille. Il y a entre nous un silence tacite. Chacun sans doute se remémore un souvenir marquant, une épreuve, un moment de doute ou d'espoir. A mesure que les minutes m'éloignent de mon passé de prévenu, j'éprouve une sensation étrange. Brutalement, je mesure l'étendue des dégâts subis depuis ma mise sous contrôle judiciaire, fin novembre 1994. Je me suis battu avec tant de conviction et de ferveur pour l'OM. J'ai payé au prix fort ma loyauté et mon engagement. Aujourd'hui je dois reconstruire ma vie. Je ressens une étrange sensation, mélange de soulagement et d'angoisse face à l'avenir. Les images de ma détention hantent de nouveau mon esprit. Mon Dieu ! Et soudain me revient cet échange avec le juge Philipon lors de notre toute dernière audition :

— Avez-vous quelque chose à ajouter ? me demande-t-il.

Je réfléchis un instant avant de le fixer dans les yeux :

— Pourriez-vous enfin me dire ce qui a justifié votre incroyable sévérité à mon égard ?

— Monsieur Laroche, je suis convaincu que vous étiez la clé qui allait me permettre de découvrir les secrets de M. Bernard Tapie.

Je suis stupéfait... Ai-je bien entendu ? Je le regarde de nouveau dans les yeux :

— Votre attitude à mon égard a été terrible. Et tout cela pourquoi ? Mon incarcération n'a permis la découverte d'aucun fait nouveau significatif !

— Monsieur Laroche, vous pouvez maintenant aborder

le procès avec une certaine sérénité, ce qui ne sera pas le cas de certaines autres personnes mises en examen.

Le juge serait-il en train d'insinuer que mon avenir judiciaire sera plus facile que celui de certains des autres prévenus ? De plus en plus étrange... Décontenancé par ses réponses, j'insiste :

— Puis-je encore croire à la justice ?

Le juge Philipon redresse un petit peu la tête :

— Mais oui, certainement, monsieur Laroche.

Nous échangeons un dernier regard... je ne sais que penser de ce juge qui vient de me laisser entendre que, pendant tous ces mois de détention, j'ai été considéré à mon corps défendant comme un rouage essentiel à la chute de Tapie.

Les images sombres de cet entretien avec le juge Philipon s'effacent peu à peu, je vois à présent la joie, le bonheur, je vois les supporters dans le stade vibrer comme un seul homme, retenir leur souffle dans les moments tragiques, se lever d'un mouvement identique quand le ballon finit sa course puissante dans le filet de l'adversaire. J'entends encore les chants des supporters : « Allez l'OM ! Allez l'OM ! On est fiers d'être Marseillais. » Je vois les feux d'artifices allumer le ciel de toutes les couleurs après les soirs de victoire. Moi, le Parisien devenu Marseillais de cœur, oui, je le reconnais, j'ai vibré à cette passion. J'y ai consacré mon temps, mon énergie. Cela m'a coûté ma liberté et mon travail, mais je n'ai pas de regret.

Je dépose mes avocats devant la porte de leur cabinet.

Maintenant je suis seul dans la voiture et je regarde la route devant moi.

Je rentre chez moi rejoindre ma femme et mes enfants.

Il me faudra encore patienter pour obtenir des réponses à toutes les questions en suspens : pourquoi cette attaque ciblée et orientée contre l'OM ? Pourquoi l'instruction n'a-t-elle pas mis en examen tous ceux qui ont commis des fautes avec nous, experts-comptables, avocats, responsables des instances officielles, dirigeants de club, joueurs... ? Oui, pourquoi après l'été 1993, sous l'instruction du juge Pierre Philipon, nos actes sont-ils devenus soudain des infractions pénales ?

La réponse à ces questions permettrait de résoudre l'énigme de cette affaire...

Rencontres insolites

Pas à pas, je reconstruis ma vie ; je tente d'effacer les blessures, de donner une nouvelle saveur à la vie, afin de m'ôter de la bouche ce goût amer qui m'a gâché bien des plaisirs depuis le 27 novembre 1994. Je fais en sorte d'imaginer que la vie est un fruit suave et gorgé de soleil. J'aime à croquer dans ce don de la nature.

Et puis il me faut envisager ma vie professionnelle, je dois à tout prix retrouver la sérénité pour donner confiance à mes futurs éventuels employeurs ou clients, mais cela, je l'avoue, ne va pas sans difficulté. Jour après jour, je m'aperçois que les sanctions de la justice pèsent sur ma vie de diverses façons, surtout sur le plan psychologique. L'affaire de l'OM est un bien lourd fardeau [1].

1. La prison en effet n'est pas une chose bénigne. En plus des dommages subis sur le plan psychologique, j'ai pu vérifier par la suite combien il est difficile de se défaire d'un passé de détenu. Courant 1996, je rencontre Lucien Justet, psychologue qui a une grande expérience du monde du recrutement. Je le connais de longue date, car il m'avait recruté pour mon emploi d'adjoint au P-DG d'un groupe de transports en 1980. Il connaît ma femme et mes enfants depuis leur naissance ! Je l'estime pour sa culture, sa sagesse et la qualité de ses appréciations sur les hommes. Il me propose alors un poste de directeur administratif et financier chez un de ses clients. Mon profil convient, tout va bien... Quelque temps plus tard, il me téléphone, très ennuyé : « Alain, pour le poste, ce n'est pas possible... Dès que mon client a su votre nom qu'il connaissait par la presse, il m'a demandé si je n'étais pas tombé sur la tête. Il m'en a voulu. J'ai eu beau argumenter, il a fait un blocage... Désolé. » L'ombre pesante de l'OM allait encore peser sur moi pendant un long moment...

Refermer la boucle de cette histoire si mouvementée va demander sans doute du temps et de la patience... Je ne suis pas encore au bout du chemin, il me reste à franchir certaines étapes : quelques rencontres insolites vont bientôt m'ouvrir davantage les yeux sur le monde mystérieux dans lequel nous essayons désespérément de vivre...

Eté 1997

Dans l'allée d'accès à un avion Paris-Marseille, j'attends patiemment que chaque passager s'installe. Soudain, quelqu'un me donne une petite tape sur l'épaule. Je me retourne :

— Bonjour, monsieur Laroche.

Je suis sans voix. C'est l'inspecteur divisionnaire Leloup. Certes, il n'est pas en service... Il ne vient pas m'incarcérer. Il rentre simplement de vacances.

— Comment allez-vous ? me demande-t-il sur un ton jovial comme si nous étions de bons amis.

— Bof !

— Le procès ne s'est pas trop mal passé pour vous ?

N'en pouvant plus, je lui dis :

— Ce que vous avez dit à ma femme... C'est vraiment pas propre !

Sans s'écarter de sa bonne humeur, il me répond :

— Vous savez comment ça se passe... C'était le jeu.

— Quel jeu ? Pour ma part, je ne jouais pas...

La file des passagers l'oblige à s'asseoir. Moi, je suis au fond, tarif économique oblige... Avant de me quitter, il me lance :

— Appelez-moi à la brigade, on ira boire une cannette !

Les cicatrices sont encore trop brûlantes. Je ne sais que penser de cet entretien.

Fin juin 2000

Sortant d'un rendez-vous en compagnie de Serge Réginald, je m'apprête à quitter le hall de l'hôtel Méridien, porte Maillot, lorsque je tombe nez à nez avec Spiros Karageorgis arrivant en sens inverse. Surprise ! Je ne m'attendais pas à le croiser sur mon chemin. Je n'avais plus aucune nouvelle de lui depuis longtemps.

Il paraît, lui aussi, fort surpris de me rencontrer. Je n'ai pas remis les pieds sur les terres de l'OM depuis le procès. Je savais simplement qu'il était passé en jugement environ un an après nous.

Un peu gêné, cherchant à meubler la conversation, il me dit :

— Je dois voir quelqu'un, là, maintenant. Je pars tout à l'heure en Belgique pour assister aux matchs de l'Euro 2000...

— Vous avez quelques minutes, tout de même...

— Heu... Oui...

— Bien.

— Vous savez, j'ai peu de temps devant moi.

Il n'a pas le temps ? Très bien. Je vais donc entrer directement dans le vif du sujet.

— Spiros, pourquoi m'avez-vous menti ?

— Je ne vous ai jamais menti, Alain.

— Si ! Vous m'avez toujours affirmé que vos sociétés étaient bien organisées, vos montages juridiques et financiers conformes à la loi, que vous pouviez justifier toutes vos prestations. Franchement, vous avez été très mauvais !

— Mais, Alain ! Mes prestations ont toujours été réelles et justifiées !

— D'accord... D'autres que vous me l'ont dit aussi, sauf Bernès...

A peine le nom de Bernès prononcé, il éructe, bafouillant de rage et d'injures :

Après l'avoir laissé vider son sac, je reprends :

— Pourquoi avez-vous utilisé des sociétés aussi mal foutues ? Certaines, d'ailleurs, n'ont même pas pu être retrouvées par la justice. Pourquoi des noms de société bidon ?

— Alain, ce n'est pas ma faute. J'ai fait confiance à un associé. Il était chargé des aspects juridiques de mes opérations. Il était le spécialiste de ces questions. Je suis en procès contre lui...

Ainsi, il se défausse. Je poursuis :

— Peu m'importe ! En tout cas, ce sont les dirigeants de l'OM qui ont payé vos erreurs, et moi en particulier ! Vous savez, je vous ai toujours défendu, j'ai souvent répété dans mon entourage que vous étiez un gars bien. Mais, là, avouez que vous avez été nul !

— Mais..., bredouille l'homme d'affaires grec.

— Prenez l'exemple de Manuel Barbosa, qui réalisait à peu près les mêmes prestations que les vôtres : il a été relaxé sur tous les dossiers. Pourquoi ? Parce que ses sociétés étaient bien organisées. Il a pu fournir à la justice tous les éléments de justification, ses déclarations de revenus, les factures de sous-traitance.

— Manuel Barbosa ? Oui... en effet.

J'ai le sang qui bout :

— Vous nous avez mis dans une sale merde ! J'avais une grande confiance en vous ! Je suis très déçu !

— Alain, vous devez me comprendre...

Je le coupe tout net :

— Vous comprendre ? Pourquoi donc avez-vous refusé de vous présenter devant la justice lors de la première instance avec tous les autres prévenus ? Vous croyez que je peux comprendre ça ? Barbosa, lui, au moins, il a eu le courage de venir !

— J'avais peur de me retrouver en prison. Le juge m'avait placé sous une trop forte pression. Oui, j'avais trop peur...

Il baisse la tête, se replie sur lui-même comme un enfant que l'on aurait arraché prématurément des bras de sa mère. J'ai presque pitié de lui. Mais ma révolte est grande :

— La prison, ça fait peur à tout le monde ! Votre attitude a été négative, elle a entretenu dans l'esprit du juge un sentiment défavorable à notre encontre, surtout à mon sujet. Vous comprenez ça ? Votre présence à la première audience aurait changé bien des choses, en tout cas les débats auraient été différents. Mon sentiment à votre égard va bien au-delà de la déception.

— Les choses ne sont pas aussi...

— Je vous en prie... Votre sombre organisation a laissé

planer de graves soupçons en notre défaveur. Oui, nous avons payé très cher vos erreurs ! Si vous aviez fait les choses dans le bon ordre, avec un peu d'organisation et de rigueur, nous n'aurions pas été condamnés et vous non plus ! Voilà la triste réalité !

Il regarde de nouveau par terre, il transpire, sa lèvre supérieure tremble.

— Oui... je sais... je sais. Je n'ai pas été bon. Je suis navré. Excusez-moi... je... peut-être que...

On dirait qu'il ne va plus relever la tête. C'est fini... Sa vie aurait-elle basculé subitement dans la fosse du remords ? Dépité, bégayant, les yeux rivés au sol, il fait peine à voir. C'est alors qu'un individu nous interrompt :

— Bonjour Spiros, comment vas-tu ?

— Ah ? Oui... Tu m'attendais ?

— On y va ?

Penaud, Spiros se sent gêné de poursuivre l'entretien devant témoin. A quoi bon faire un scandale devant une personne que je ne connais pas ? Karageorgis est un homme croyant et très pratiquant. Avant de le laisser, je lui rappelle justement les sujets de réflexion qui avaient nourri nos longues discussions à l'époque de notre collaboration à l'OM : le respect des valeurs éthiques, le sens de l'amitié, l'esprit de justice. C'est cela que j'avais apprécié chez vous, mon cher Spiros.

Début septembre 2000

Alors que je traverse la place Thiars à Marseille, je reconnais deux personnes, assises tranquillement à la terrasse d'un restaurant. Au même moment, elles me font signe, m'ayant aussi reconnu. Je m'approche.

— Bonjour, monsieur Laroche, me lance Pierre Dubiton avec son accent si caractéristique.

A ses côtés, il y a Bernard Noailles, que je salue.

— Comment allez-vous ? poursuit Pierre Dubiton.

— Ça peut aller...

— Oui, je comprends, murmure-t-il.

Nous échangeons quelques civilités, puis je lui demande :

— Cela me ferait plaisir de vous parler. J'aimerais que l'on puisse s'expliquer. Auriez-vous un peu de temps ?

— Avec plaisir ! Quand voulez-vous ?

Nous fixons une date.

Quelques jours plus tard, nous déjeunons dans un restaurant près de Marseille. A l'approche de notre entretien, je suis un peu tendu. Outre le passé douloureux que je m'apprête à remuer une fois encore, mes rapports avec Pierre Dubiton s'étaient achevés sur une note un peu froide ; je ne sais pas comment il va réagir à mes propos. Les circonstances de nos derniers contacts, du temps où je dirigeais les finances de l'OM, étaient spéciales. Je me souviens que je lui avais présenté le bilan de notre situation financière, lui démontrant que je pouvais tenir la barre et conduire le club marseillais jusqu'en fin de saison 1994-1995. Ce contexte tendu ne pouvait que me laisser dans une position réservée à l'égard du juge enquêteur, Pierre Dubiton. Par ailleurs, je ne l'avais revu qu'à une seule occasion depuis la fin de l'année 1994. Cette rencontre se déroula dans des circonstances particulières pour moi : le juge d'instruction avait exceptionnellement autorisé ma présence à une réunion organisée le 8 mars 1996 par l'expert du tribunal de commerce, M. Pigeon. Au cours de cette réunion où se trouvaient aussi les dirigeants de l'OM, mon échange avec Pierre Dubiton fut très vif. Cela faisait trois mois à peine que j'étais sorti de prison. Alors me retrouver, là, dans les bureaux de l'OM... J'avais les nerfs à fleur de peau.

Devinant ma gêne, Pierre Dubiton me met tout de suite à l'aise :

— Sachez que je n'ai rien contre vous. J'ai pris des renseignements sur votre compte. On m'a dit beaucoup de bien de vous. Je ne crois pas que l'on puisse vous en vouloir de quoi que ce soit. L'affaire est jugée, c'est donc terminé.

— Merci, vos mots me touchent.

— Maintenant que les événements se sont un peu éloignés de nous, je peux même vous dire...

Il hésite un instant, comme si la pudeur lui interdisait de poursuivre, puis il reprend :

— Il y a des choses qui sont dures à dire à une personne qui a souffert...

— Je suis bien armé pour vous écouter, monsieur Dubiton.

— Vous avez drôlement bien tenu la baraque...

— Vous faites référence à l'OM, je suppose ?

— Oui, vous avez fait un excellent boulot.

— C'est gentil de le penser, je me suis en effet assez crevé la paillasse.

— Si vous n'aviez pas été là, l'OM aurait déposé le bilan dès l'annonce des sanctions sportives, à la fin 1993, et non deux ans plus tard.

— C'est possible...

— Certain, même ! Les sanctions sportives vous ont porté un coup fatal.

— Un de plus.

— Oui, je crois bien que les coups sont tombés de tous les côtés sur l'OM.

— Si vous saviez...

— Je peux facilement imaginer, continue Dubiton. Vous avez assumé tous les coups avec courage. C'est d'ailleurs pour cette raison que j'ai accepté de vous revoir aujourd'hui.

Là, mon cœur se serre très fort. Cette reconnaissance est agréable à entendre, même si cela ne change pas les difficultés de ma situation actuelle. Me fixant droit dans les yeux, Pierre Dubiton poursuit :

— Je me souviens de notre dernière réunion avec Bernard Tapie. Votre exposé sur le respect des budgets et les prévisions financières du club m'avait convaincu. L'OM pouvait traverser la crise, je le pense sincèrement.

— Mon interdiction de travailler à l'OM nous a coupé les jambes.

— Sans aucun doute. D'ailleurs, quand j'ai appris la nouvelle, j'ai aussitôt réuni mes collègues enquêteurs. Tous partageaient le même avis : votre départ, auquel s'ajoutait celui de Tapie, annonçait la faillite inéluctable du club.

Curieux d'en connaître davantage sur cette période chaotique, je lui demande :

— Que s'est-il passé précisément à partir de cet instant ?

— A l'époque, je n'avais pas la charge d'administrer les finances de l'OM, mais uniquement de rendre compte au tribunal des conditions de fonctionnement du club. Du fait de votre élimination, vous et Tapie, l'OM se retrouvait dans une impasse. J'ai conclu qu'il fallait se préparer au dépôt de bilan. Le président du tribunal a suivi ma conclusion et celle de mes collègues. Je crois que c'était alors la seule solution

J'acquiesce :

— Oui, il fallait bien préparer l'avenir du club avant la reprise de la saison 1995-1996.

— Exactement. C'est pourquoi j'ai très vite proposé un plan de cession pour permettre la mise en place d'une nouvelle équipe dirigeante. Il fallait éviter les catastrophes de la relégation.

— Je n'ai rien à dire là-dessus.

Après un bref instant de silence, Pierre Dubiton me fixe de nouveau dans les yeux :

— J'ai un reproche à vous faire...

— Ah, oui ! Lequel ?

— Pendant toute la période des troubles, vous n'êtes à aucun moment venu me voir à titre personnel, je veux dire en dehors des réunions de contrôle fixées par le tribunal. Vous auriez pu ainsi me parler plus librement...

— Vous savez, c'était difficile...

— J'ai cru que vous alliez enfin le faire et me parler lors de notre rencontre au début de novembre 1994.

— J'aurais aimé en effet vous parler à ce moment-là. Mais il faut comprendre que nous étions à l'époque dans un contexte de paranoïa aiguë. Les coups tombaient de toutes parts. Je ne savais plus à quel saint me vouer, qui était pour ou contre moi...

— A ce point ?

— C'est sans doute peu compréhensible vu de l'extérieur. Depuis 1993, les attaques contre l'OM n'ont pas cessé de pleuvoir. Surtout depuis l'affaire de Valenciennes. J'ai subi personnellement des pressions insensées. J'ai même été contacté par des émissaires du monde politique...

Je m'arrête brusquement, pensant que je suis allé trop loin dans la confession. Mais la voix grave de Pierre Dubiton me libère :

— Un émissaire ? Dites-moi tout, c'est le moment.

— Il m'a demandé de lui donner des informations sur Bernard Tapie en échange de ma protection.

— Je vois...

— Dans de telles conditions, je ne me sentais pas le goût de parler librement à quelqu'un. C'était même impossible.

— Je comprends... Oui, je comprends bien cela.

Parsemé de confidences, notre entretien se poursuit de façon fort agréable. Au cours de notre échange, j'ai appris à mieux connaître cet homme entier, au caractère bourru mais à l'incontestable moralité. L'un des plaisirs de la vie, c'est bien la surprise des nouvelles amitiés. Dommage que notre rencontre amicale n'ait pas eu lieu plus tôt. L'avenir de l'OM aurait-il été sensiblement modifié ? Qui sait ?

Septembre 2000

Septembre touche à sa fin. Samedi matin. Il fait beau et la chaleur commence à monter, le temps est paisible ; je sens grandir en moi un peu de sérénité. Le passé commence à s'effacer sur le sable de ma mémoire...

Je me trouve avec Jean-Jacques Wisinski, ancien membre du comité de gestion du club marseillais, homme dont l'amitié m'est restée fidèle. Jean-Jacques a souhaité me montrer son nouveau magasin d'ameublement, situé rue Négresco, presque en face des bureaux de l'OM.

Nous échangeons quelques mots sympathiques, je le félicite pour la présentation du magasin. Modeste, il me dit que c'est sa compagne Annick qui a tout conçu. Je le quitte et sors du magasin, tenant par la main mon petit garçon, Adrien.

Nous faisons quelques pas dans la rue, quand mon sang se glace d'un coup.

Dans le vacillement de ma vision se dessine une silhouette familière à mes cauchemars. Immobile, je reste planté sur le trottoir, comme une statue. Que faire ? Quoi penser ?

L'homme qui à mes yeux incarne un système qui a brisé ma vie, cet homme qui m'a interdit de travailler à l'OM, qui par contrecoup a causé tant d'angoisses et de chagrin à ma famille, oui, cet homme-là, le juge Philipon, se trouve devant moi, cinq ans après ma mise en détention. Les yeux figés, lui aussi me regarde avec stupéfaction. A travers son regard, je devine l'embarras.

Les mots se déchaînent dans ma tête, les images du passé surgissent avec fracas et s'affolent. Je suis tétanisé. Oui, que faire ? Jamais je n'avais imaginé que nos routes allaient de nouveau se croiser. Philipon me regarde, tout aussi décontenancé que moi. Mon fils me tire par la main :

— Papa ! Qu'est-ce que tu as ?

On ne se refait pas, mon côté homme civilisé et respectueux de la justice reprend le dessus : je tends mécaniquement la main au juge :

— Bonjour, monsieur Philipon.

Il me salue également avant d'ajouter :

— Comment allez-vous ?

— Mal, très mal même...

Les yeux ronds enfoncés derrière ses petites lunettes, la bouche légèrement ouverte, Philipon semble hésiter. Au moment où il s'apprête à parler, j'enchaîne sur un ton tout aussi calme que grave :

— Je ne pouvais pas aller plus bas que l'endroit où vous m'avez jeté. Vous m'avez jeté aux enfers, monsieur Philipon. Oui bas, très bas.

— Mais... votre détention a servi à la manifestation de la vérité.

— Vous savez bien que ma détention a été inutile.

Philipon ne répond pas, laissant juste échapper un bref mouvement de gêne. Je poursuis, sérieux, posé, froid :

— Aux termes de la décision de la cour d'appel, aucun des prévenus n'a été condamné à la prison ferme ! Vous m'avez fait faire cinq mois et une semaine de prison pour rien ! J'ai fait confiance à la justice, sur ce point vous aviez raison — lui rappelant ainsi ses paroles lors de notre dernière audition avant de poursuivre sur ma lancée. Personne ne me rendra ma privation de liberté, sans parler des lourds préjudices pour moi et ma famille ; mon image détruite, la douleur psychologique, tout cela je continue de le supporter encore aujourd'hui.

Le silence s'abat entre nous. Puis je reprends :

— Après les cinq années passées, pensez-vous que toute cette guerre juridique et policière a été utile et nécessaire ?

Il affiche cette expression physique que je lui ai toujours connue dans les moments d'embarras : un léger rictus se dessine sur sa bouche et ses longs bras se lèvent en s'écartant, puis retombent doucement.

— Monsieur Laroche, dans cette affaire, le tour de la question a été fait !

— Permettez-moi de penser le contraire ! Je ne comprends toujours pas pourquoi vous avez agi de la sorte.

Nos regards se fixent de longues secondes encore, puis mon ancien juge brise soudain le silence :

— L'avenir nous le dira, peut-être.

Qu'ai-je à ajouter ? Sa réponse me laisse dans l'expectative. Avant de continuer son chemin, il ajoute :

— Cela m'a fait plaisir de vous revoir... Allez, bon courage ! Vous êtes solide. Vous allez réussir à vous remettre...

Cette réplique me cloue au sol. Serait-ce de l'ironie, de l'humour noir, ou bien est-il sincère ? Peut-être les deux ? Mon ancien juge est vraiment déconcertant. Sans trop réfléchir, je lui réponds :

— Facile à dire, pas facile à faire... Je porte un lourd handicap.

— Bon, dit le juge, je dois partir maintenant, je suis attendu. Au revoir, monsieur Laroche.

— Au revoir, monsieur Philipon, dis-je, d'un ton plein de dépit.

Pendant que le juge s'éloigne, mon petit garçon de trois ans me regarde avec une grande intensité. Il n'a pas vraiment saisi la portée de ce qui vient de se passer. Dans quelques années, quand il lui faudra affronter le monde parfois cruel des adultes, se souviendra-t-il de cette discussion entre un juge et un ancien prévenu ? Saura-t-il en tirer des bénéfices pour sa propre vie ? Les fautes des uns servent-elles à sauver les autres ? Oui, monsieur le juge, je continuerai à me battre pour vivre et exister librement.

L'année 2000 tire doucement à sa fin.

Je ne perds pas espoir. Je remonte la pente. Combat quo tidien. Lutte psychologique de tous les instants. Vais-je enfin pouvoir rétablir ma situation professionnelle et financière ?

Ce mercredi 8 novembre, je quitte l'étude de mon notaire vers 17 heures. Mon téléphone portable sonne :

— Allô ? Monsieur Laroche ?

— Oui, bonjour.

— Robert Louis-Dreyfus à l'appareil !

A l'écoute de son nom, je manque de m'étrangler.

Il enchaîne, d'une voix posée :

— Vous avez souhaité me rencontrer, je crois ?

Je reprends mon souffle :

— Oui, c'est exact.

— Alors, parfait ! Rendez-vous le mardi 14 prochain à 17 heures à mon bureau, à Paris.

— Merci et à mardi.

J'ai en effet sollicité un entretien avec le nouveau patron de l'OM et de la marque Adidas, car je souhaite lui présenter un projet que j'ai conçu avec mon ami Serge Réginald. Il s'agit d'un concept audiovisuel de jeux interactifs destinés aux supporters de football de toutes nationalités et diffusés par la télévision et Internet. Un ami m'avait permis d'entrer en contact avec Robert Louis-Dreyfus. A vrai dire, je ne m'attendais pas à ce qu'il m'appelle en direct.

Au cours de notre rendez-vous, je découvre un homme différent de l'image qu'il laisse transparaître au travers des médias. Au début de l'entretien, il coupe ses deux portables et demande à sa secrétaire qu'on ne le dérange pas. Courtois, il me met d'emblée à l'aise.

Avant de m'écouter, il m'explique sa logique d'actionnaire dans ses entreprises. Au fil de la discussion, Robert Louis-Dreyfus me semble être davantage un fin stratège et un visionnaire des entreprises du futur qu'un manager au quotidien.

Je lui expose mon projet ; il m'écoute avec attention. A la fin de l'entretien, il semble intéressé, car il organise aussitôt un rendez-vous avec un de ses associés pour examiner mon dossier.

Ambiance sympathique, voire cordiale. Inévitablement, le sujet de l'OM est abordé. A chacune de ses questions, je lui réponds sans faux-fuyants. Je le sens loyal dans ses propos. Ainsi, au sujet des relations avec la presse, il m'avoue : « Les médias, c'est pas mon truc. » M. Louis-Dreyfus m'explique que ses relations avec la mairie sont de bonne qualité ; elle a toujours manifesté à l'égard de l'OM son soutien actif. L'espace d'un instant, je me mets à rêver : quelles agréables relations nous aurions pu instaurer avec la municipalité si nous avions été à l'époque en contact avec une équipe municipale aussi dynamique et impliquée que celle aujourd'hui en place avec le maire de Marseille Jean-Claude Gaudin et son premier adjoint, Renaud Muselier ! A ce propos, je dois dire que l'attitude de Gaudin a toujours été favorable au club marseillais ; je me souviens, lors d'une réunion, il m'avait annoncé vouloir maintenir tous les contrats commerciaux de la région au bénéfice de l'OM quelles que soient les positions politiques de Tapie. Il a tenu parole. Il est vrai que la région, par le passé, a toujours respecté ses engagements à l'égard de l'OM, même dans les périodes les plus troubles. De son côté, Renaud Muselier, fidèle supporter de l'OM, ne manquait pas, quand son emploi du temps le lui permettait, d'être à la tête des délégations des chefs d'entreprise lors des déplacements en coupe d'Europe. Oui, n'ayons pas peur de dire que si l'ancien maire, Robert Vigouroux, avait été autrefois plus coopératif à notre égard, évitant de placer le club marseillais au cœur du combat politique, l'avenir de celui-ci aurait sans doute été bien différent... Cela est d'autant plus regrettable que ce fut à l'arrivée une cuisante défaite pour Robert Vigouroux aux élections municipales et le dépôt de bilan pour l'OM... Politique de la terre brûlée ?

A ce sujet, je me souviens, pour donner un exemple de nos relations conflictuelles avec l'ancien maire, du projet de construction d'un nouveau stade pour la coupe du monde : Tapie avait demandé à un des administrateurs de l'OM, l'architecte bien connu Michel Bigouin, d'imaginer en collaboration avec un bureau d'études un agrandissement du stade. Michel Bigouin et son équipe ont alors conçu un magnifique projet dans l'esprit des stades anglais, comprenant un étage superposé et totalement couvert. J'imagine ce qu'aurait pu être l'ambiance avec 60 000 supporters déchaînés dans un pareil édifice. Ce projet avait le mérite d'être assez peu coûteux, car il utilisait une bonne partie des structures existantes. Mais Robert Vigouroux prit le contre-pied de nos suggestions à ce sujet. Sans doute voulait-il nous montrer qu'il était un maître en la matière ? Son projet de stade aujourd'hui achevé est beau dans son aspect extérieur, mais pas du tout agréable sur le plan du positionnement des supporters par rapport au terrain de jeu. Sur la pelouse, on ne retrouve pas l'ambiance d'autrefois, car la clameur des voix des supporters est dispersée au lieu d'être concentrée. Les places ne sont pas couvertes, mais ouvertes aux courants d'air. Les tribunes du haut profitent d'une vue panoramique intéressante pour... un touriste, mais le but recherché d'un supporter est de se placer le plus près possible des joueurs. Tout cela était possible dans notre projet.

Cette période me semble bien loin à présent. Robert Louis-Dreyfus est aujourd'hui le patron de l'OM.

Soudain, il regarde sa montre :

— Oh ! Il faut que je vous laisse ! J'ai un dîner.

Il est presque 20 h 30. L'entretien avait duré largement plus de trois heures !

Parfois, il arrive que le temps ne compte plus pour personne...

Noël est sans doute la fête que je préfère. En cette fin 2000, toute la famille est réunie chez mes beaux-parents, près de Lens. Ce sont des moments privilégiés dans la vie.

Ces réunions familiales m'ont permis de garder mon équilibre et ma combativité pour ceux que j'aime.

Profitant de ce voyage dans le Nord, je rends visite à Gervais Martel, le dynamique président du Racing Club de Lens et de l'Union des présidents des clubs professionnels. Avant mon entrée à l'OM, je supportais ce club, mon épouse étant originaire de cette région. Les Lensois sont un merveilleux public, authentiques supporters comme je les aime. En réalité, j'ai toujours suivi les résultats de Lens avec ferveur.

Début avril 2001, mon ami Stoïa m'invite à Belgrade. Il veut me présenter des hommes d'affaires qui envisagent, en cette période d'après-guerre, de renouer des liens de commerce avec l'Europe, en particulier la France. Je suis content de retourner en Yougoslavie. C'est l'opportunité pour moi de me positionner sur des opérations d'envergure internationale. Cette fois-ci, l'aéroport de Belgrade est ouvert. Nous partons aussitôt au sud de la capitale de la Serbie, dans un petit village... Le soir même, Stoïa me présente de nombreuses personnes tout en assurant la traduction de nos échanges. Très vite, il précise que je suis un ancien dirigeant de l'OM, de l'époque où l'Etoile rouge de Belgrade remporta une grande victoire contre nous en 1991 : éclats de rire, boutades, ambiance joyeuse. Là encore, je constate la puissance d'évocation du mot OM, qui suscite l'enthousiasme des mes interlocuteurs. Bien que ne parlant pas leur langue, je me sens à l'aise parmi ces gens. Plus tard dans la soirée, un convive s'approche de Stoïa : il lui tend un paquet de photos et lui parle discrètement à l'oreille. Stoïa me donne le paquet de photos, que je regarde aussitôt. Il s'agit du stade de Bari le soir de la finale opposant l'OM à l'Etoile rouge de Belgrade ; on me distingue assez nettement sur l'une d'elles au milieu d'un groupe de personnes près de la pelouse. L'histoire de l'OM venait de me rattraper dans ce sympathique village au sud de Belgrade. Incroyable...

Le samedi, Stoïa est tout fier de m'annoncer qu'il a des

places pour un match de football qui aura lieu à Belgrade en fin de soirée. L'après-midi passe vite. Nous arrivons au stade, et là, mon cœur s'émeut quand je suis reçu avec beaucoup d'égards par le manager général, Milos Marinkovic, et le directeur financier, Zoran Mijovic, de l'Etoile rouge de Belgrade. Très fiers, ils font ouvrir spécialement pour moi le musée des trophées commémorant les victoires du club de Belgrade. Cette pièce splendide est tellement chargée d'histoire que je regarde presque religieusement chaque objet. Là, au milieu, sur un podium protégé par une vitre, trône la coupe d'Europe des clubs champions gagnée par Belgrade en mai 1991 contre l'OM. Parmi tous les fanions exposés, je retrouve celui que Jean-Pierre Papin avait remis à cette occasion au capitaine de l'Etoile rouge de Belgrade. Que d'émotions, de souvenirs dans ces quelques pièces de métal et de tissu à haute valeur symbolique.

Le match commence, et soudain les sensations du passé revivent en moi avec force. Pris dans le flot d'une vague déferlante, je suis submergé par un tas de sentiments : nostalgie, joie, sérénité, espoir. Mon cœur bat fort dans ma poitrine. En cette année 2001, j'ai l'intuition que l'avenir est en train de s'ouvrir devant moi.

Les instants de grande émotion et d'amitié ne s'oublient jamais dans la vie d'un homme.

L'heure de la réflexion est venue

> « Le probable n'est pas toujours nécessairement la vérité. Et la vérité n'est pas toujours probable. »
>
> Sigmund FREUD.

Le temps pourra-t-il effacer mes blessures ? Je ne sais pas. Depuis ma sortie de prison, le lent travail de reconstruction a commencé, chaque matin qui se lève m'apporte l'espoir et parfois le découragement : oui, c'est long pour oublier les humiliations, pour se défaire de ce sentiment d'injustice qui me colle à la peau...

Alors que je suis en train d'achever les dernières lignes de ce livre, j'aimerais insister sur quelques points qui me paraissent essentiels.

Dans l'affaire VA/OM, je n'ai jamais été mis en cause par la justice. Malgré le déploiement de moyens considérables (une vingtaine d'inspecteurs du SRPJ, mille empreintes relevées, soixante gardes à vue, une trentaine de perquisitions), aucun lien n'a été établi entre ces éléments matériels, l'OM et ses dirigeants. Des zones d'ombre subsistent encore : comment expliquer le comportement étrange des dirigeants de Valenciennes qui ont posé réclamation après le but de Boksic et non en début de partie ; les contradictions entre les accusateurs au sujet de la couleur et de la forme de l'enveloppe contenant les 250 000 francs d'argent liquide ; le grave accident de la femme de Christophe Robert survenu avant la garde à vue du couple et les aveux du mari ; la découverte rocambolesque de l'enveloppe mystère contenant l'argent, trois semaines après les faits ; le brusque revirement de Bernès dans sa version des faits ?

Comme on l'a vu, la politique est un domaine où les enjeux et les stratégies peuvent conduire aux manœuvres les plus abjectes, avec un degré de subtilité varié. Tapie et l'OM ont atteint les sommets de la gloire. Mais l'homme aux nombreuses victoires, qui se targuait de venir de la banlieue de Paris, n'a pas voulu choisir entre la politique et les affaires. On lui a sans doute demandé de s'allier à telle ou telle force politique. Il a préféré ne pas le faire, croyant pouvoir défendre seul ses idées. Par ses succès, Tapie était devenu un pion majeur de l'échiquier politique... Les états-majors de gauche ne voulaient pas de lui comme candidat potentiel à une primaire avant l'élection présidentielle. La droite, en revanche, voulait le préserver pour diviser la gauche. Le retrait de Jacques Delors de la course présidentielle en 1995 a rendu tout d'un coup crédible la candidature de Tapie et bousculé les donnes du jeu. Certains barons de la gauche devaient absolument éliminer Tapie. Quant à la droite, elle n'avait plus besoin de lui car le retrait de Jacques Delors donnait, fin 1994, Edouard Balladur comme un vainqueur plus que probable. Je me souviens de l'article de *VSD* paru le 31 mars 1994, présentant Tapie comme un candidat sérieux à la présidentielle. Comme je le craignais à l'époque, cet article n'était pas anodin et annonçait bien des conflits. Dès lors, il fallait l'éliminer de la scène politique. Comment ? En le rendant inéligible et en le privant de tous ses mandats sociaux. La seule solution était de le mettre en faillite personnelle...

Il suffit de regarder comment se sont admirablement enchaînées les affaires pour comprendre l'œuvre de destruction : la mise en cause des comptes de l'OM alors que notre gestion était validée depuis des années par les instances officielles et par les hommes politiques, mon interdiction de travailler à l'OM, la perte de notre chiffre d'affaires (160 millions de francs) consécutive aux sanctions sportives conduisant le club au dépôt de bilan, l'affaire OM/VA où les manipulations de toutes sortes ont permis de brouiller les pistes de la vérité... et de pousser Tapie à la faute avec l'histoire des faux témoignages... Les relations déroutantes entre Tapie et le Crédit Lyonnais, qui ont mené le tribunal de commerce de Paris à prononcer la faillite personnelle de Tapie avec une fulgurante rapidité — qui a gagné les milliards de la plus-value consécutive à la vente de la firme Adidas ? Affaire à suivre... Tout cela fait du cas Tapie une véritable affaire d'Etat dans les zones d'ombre sont en effet loin d'être éclaircies.

Au bout du compte, les gagnants n'ont pas toujours été ceux qui avaient mis tant d'espoir dans la chute de Tapie : le mandat du président de la LNF ne sera pas renouvelé ; Robert Vigouroux perdra la mairie de Marseille au profit de Jean-Claude Gaudin qui n'avait jamais attaqué l'OM. C'est ici une belle leçon de stratégie politique.

On peut reprocher ce que l'on voudra à Bernard Tapie, ses détracteurs sont encore nombreux. L'homme a les défauts à la mesure de son ambition, je les connais et je sais à quoi m'en tenir. Il n'empêche qu'il a conduit l'OM au sommet de la gloire et fait rêver des dizaines de millions de supporters, il n'empêche qu'il a toujours combattu pour les valeurs républicaines. Tout cela ne mérite pas que des critiques... Malgré les attaques, je lui suis toujours resté fidèle. Je suis fait de cette trempe. C'est ma nature. Sans vouloir jouer les prétentieux, je pense avoir été un homme loyal, je pense aussi que j'ai payé durement mon sens de l'honneur et ma ténacité à tenir la barre des comptes de l'OM : mon incarcération jusqu'à l'expiration du délai légal a sans doute participé à cet ensemble de forces convergentes visant à fragiliser le vaisseau OM et son président. J'ai été pris dans les rouages d'une vaste opération de déstabilisation. Au fond, comme l'a dit le juge Thierry Jean-Pierre, dans les affaires de Tapie, la justice a été « instrumentalisée ». Et cela tant en faveur de celui-ci au moment où il ne pesait guère sur le plan politique qu'en sa défaveur après son succès aux élections européennes, et notammant avant les présidentielles de 1995. Cela explique sans doute pourquoi la justice m'a réservé un traitement aussi sévère. Fort heureusement, les juges en appel ont fait preuve d'une grande clarté dans le procès des comptes de l'OM, s'en tenant au strict examen objectif des faits en droit.

Cette « instrumentalisation » a également touché une autre catégorie de personnes : tous ceux qui ont trahi Tapie après l'avoir adulé ! Dans ce marécage des affaires, l'OM n'a représenté qu'un élément d'un ensemble bien plus vaste et complexe. Au-delà de la mécanique de cette stratégie, des hommes qui n'étaient pas concernés par ce combat ont souffert et en subissent encore aujourd'hui les conséquences. Il ne faut pas l'oublier.

J'espère que mon expérience et mon témoignage serviront aux autres, je pense en particulier aux cadres et responsables d'entreprise : sachez qu'à tout moment vous pouvez être rattrapés par la machine pénale et condamnés pour des fautes qui vous semblaient anodines ou sans conséquences... au début.

Dernier rebondissement

Au moment où j'écris les pages de ce livre, croyant mettre enfin un point final à mon histoire, la sonnerie du téléphone retentit et me sort d'un coup de mon travail d'écriture...

Le 9 avril 2001, vers 15 heures :

— Allô ?

C'est la voix de Philippe, mon frère.

L'entendre au téléphone me fait grand plaisir.

— Bonjour ! Comment vas-tu ?

— Ça va ! Dis, tu connais la nouvelle ?

— Non, c'est quoi ?

— Je viens d'apprendre que Tapie revient à l'OM !

— Quoi ? C'est sérieux ?

— Oui, je t'assure ! Les infos viennent de l'annoncer.

Philippe m'explique les modalités de ce retour. Après toutes les révélations dernières, j'explose d'un rire énorme. Impossible de poursuivre la conversation tellement je suis écroulé de rire. Un peu surpris, mon frère me dit :

— Ben... alors je te rappelle plus tard, hein ?

C'est un rire nerveux...

Trois minutes plus tard, nouveau coup de fil :

— Allô ? C'est Kamel Khalfallah. Je t'appelle de Nabeul[1].

— Salut !

1. Ville située à 80 km au sud de Tunis, à proximité de la station touristique d'Hammamet. K. Khalfallah est un de mes amis très cher.

— Tu es au courant ?

Tapie était de retour... Le nouvelle faisait déjà le tour du monde...

Après toutes ces années d'errance, celui qui avait conduit le club marseillais au sommet de la gloire revenait sur la Canebière, et pas à n'importe quel prix... ! Comme associé de Robert Louis-Dreyfus ! Le lendemain, Serge Réginald, en voyage en Asie, me passe un coup de fil : « Là où je suis, tout le monde en parle ! » me lance-t-il.

La rumeur circulait dans Marseille ces derniers jours. Des rumeurs de ce genre, j'en avais déjà entendu pas mal, sauf que celle-ci semblait plus tenace que les autres. Elle faisait suite à un reportage diffusé par M6 au sujet de l'OM et de ses supporters que l'on découvrait, d'ailleurs, sous un jour peu flatteur, en tout cas pas du tout conforme à la réalité — je suis prêt à en débattre avec le journaliste, auteur de ce curieux reportage. Dans la foulée, c'est la chaîne RTL9 qui diffuse une interview de Robert Louis-Dreyfus menée par Bernard Tapie.

Le lendemain, le journal *L'Equipe* paraît sous le titre de la surprise : « C'était donc vrai ! » En un éclair, la clameur médiatique s'est relancée autour du personnage de Bernard Tapie qui, répondant à un journaliste sur les ondes de la radio, lance : « Aujourd'hui je suis plus gros, moins beau, mais davantage prudent... »

Plongeant dans mes pensées, une image tout d'un coup me traverse la tête : je vois apparaître un professeur de chimie en blouse blanche qui présente l'expérience suivante : dans un grand récipient appelé « OM », vous mettez : du « Tapie » que vous laissez actif pendant un certain temps ; quand il a bien réussi, vous secouez très fort et vous jetez brutalement le « Tapie » ; sans attendre, vous versez dans le même récipient du « Louis-Dreyfus ». Vous laissez agir un peu, vous mettez le récipient en équilibre instable, et vous obtenez ainsi une solution imprévue : « Tapie et Louis-Dreyfus », associés de l'OM... A cela, vous ajoutez un composant externe : « Dubiton[1] », et vous obtenez... la nouvelle équipe dirigeante de l'OM ! Veuillez expliquer cette réaction chimique et justifier votre réponse.

Une histoire de fous ? Quel scénariste aurait pu imaginer un tel dénouement ?

En réalité, même si tout cela paraît insensé au premier abord, il y a une logique et une grande intelligence dans la décision de ces hommes...

M. Louis-Dreyfus, homme d'affaires avisé et fortuné, n'a pas besoin de l'OM pour vivre. Pour l'avoir rencontré, j'ai acquis la conviction qu'il aime réellement ce club et cette ville où, d'ailleurs, il a engagé des investissements industriels dans le domaine de la télécommunication par fibre optique. L'OM est surtout aujourd'hui une source de contrariétés pour lui. Il n'y prend plus aucun plaisir. Son style de management, proche de l'esprit des capitalistes anglo-saxons, le laisse trop éloigné de la réalité de la gestion au jour le jour. Robert Louis-Dreyfus se devait à tout prix de trouver une solution au plus vite pour remettre le club marseillais sur le bon chemin.

En ce mois de mars 2001, l'OM s'enfonce et court tout droit vers la relégation en deuxième division. Comme on dit, ça sent la poudre ! Si le club marseillais est finalement relégué, il y a risque de rébellion sur la Canebière ! Au fur et à mesure de ses réflexions, une seule solution semble s'imposer à Louis-Dreyfus : quel homme charismatique peut-il mettre en place à la direction de l'OM ? Un homme qui serait reconnu par tous, surtout à Marseille, connaissant le football sur le bout des doigts, pouvant immédiatement prendre en main le management sportif ? Tapie, bien sûr ! Il a beau tourner le problème dans tous les sens, ce seul nom lui vient à l'esprit.

Tapie est toujours animé par la même passion, la même

1. Juge enquêteur au tribunal de commerce de Marseille, auteur d'un rapport d'expertise ayant constaté l'état de cessation de paiement de l'OM en mars 1995. Il est nommé, fin avril 2001, par Bernard Tapie patron administratif et financier de la nouvelle équipe OM et de toutes ses structures satellites.

envie de conduire le club sur les sentiers de la gloire. Son exclusion de l'OM par arrêt de l'arbitre... oh ! pardon... du juge ! le 14 décembre 1994 lui a laissé un goût amer de symphonie de foot inachevée...

Robert Louis-Dreyfus a fait ici un bon choix. Tapie paraît être l'homme de la situation. Les supporters, tout comme les joueurs, l'apprécient et le soutiennent. Robert Louis-Dreyfus se consacrera à son rôle d'actionnaire principal où il pourra être efficace pour le club. Tous les deux peuvent former un duo performant et redonner à Marseille ses folles soirées de matchs et de succès. Par ailleurs, la présence de Pierre Dubiton, expert-comptable, ancien juge enquêteur dans l'affaire de l'OM, me paraît être un gage de sécurité pour tous. Cet homme au caractère entier n'a plus à prouver sa rigueur, sa probité et sa compétence. Chez Pierre Dubiton, ancien lieutenant parachutiste pendant la guerre d'Algérie, deux mots qui reviennent souvent dans son langage semblent être indispensables pour réussir à l'OM : honneur et servir[1].

Certains diront que le retour de Tapie est une heureuse fin à cette dramatique histoire de l'OM commencée en 1993 avec l'affaire VA/OM. Pour ma part, je dirais que c'est plutôt un heureux début à de nouvelles et belles aventures, si tout le monde, notamment la famille du football, a retenu les leçons... Alors, longue vie et bonne chance à la nouvelle équipe dirigeante de l'OM et au football français !

L'annonce de ce retour ferme la boucle d'une épopée hors du commun au cours de laquelle j'ai découvert la lâcheté et la couardise des uns, mais aussi le courage et l'amitié sincère des autres.

1. Ces trois hommes ont chacun leur talent propre. Leur association est opportune et intelligente dans le contexte actuel de l'OM. Mais combien de temps celle-ci saura-t-elle durer ? Autant leur forte personnalité est un gage de crédibilité et de succès autant elle pourrait être aussi la cause d'éclats violents.

Les temps changent...

Je constate avec amusement combien l'opinion de certaines personnes peut subitement changer, voire prendre un virage à 180 degrés...

Je me souviens en particulier des déclarations assassines d'un dirigeant du foot : « Lorsque Tapie, Bernès, Laroche, Levreau auront quitté le foot, alors champagne ! » N'est-il pas curieux, en effet, de constater que la plupart des ennemis de Tapie de l'époque, même les plus violents, s'accordent aujourd'hui à dire d'une même voix du bien de son retour à l'OM ?

Emporté par un vent de hargne et de haine avec l'OM, je me suis retrouvé jeté dans l'infamie.

Heureusement, la justice en appel a largement pondéré les excès de nos détracteurs et a ramené l'affaire de l'OM à une plus juste mesure. La raison, la sagesse et le bon sens l'ont emporté.

Oui, je crois que les temps ont changé...

Samedi 12 mai 2001

Alors que je suis en train de relire les dernières lignes de ce livre, mon fils, François, entre dans mon bureau.

— Papa, c'est l'heure de partir !

— Oui, on y va.

L'OM joue ce soir un match capital contre Bastia pour assurer son maintien en première division.

Je voulais être présent à ce rendez-vous pour soutenir l'équipe. Ce serait vraiment dommage que l'OM soit relégué en deuxième division.

Mon émotion est immense quand je pénètre, timidement, avec pudeur, dans l'enceinte du stade. Je n'y étais pas revenu depuis les événements. J'ai le pouls qui galope, le souffle court. Mille souvenirs se bousculent dans ma tête en quelques instants. Je me sens pris par une sensation incroyablement forte, comme si j'étais propulsé pour remonter le temps. Entrant dans les tribunes, je constate que les supporters ont toujours la même ferveur, malgré des résultats sportifs médiocres.

Ces chants, ces cris, ces couleurs, ces odeurs, c'est beau, c'est bon. Je suis saisi par l'émotion. Bouleversé. J'ai presque envie de pleurer. Cela fait maintenant six ans et demi que... Je n'ai pas le temps de finir ma pensée, le match débute dans un tonnerre d'encouragements lancés par les 60 000 supporters. Ça y est ! Je me remets à vibrer au rythme des actions. Occasion manquée de l'OM : gros soupir... But de l'OM : hurlements de joie ! Egalisation de Bastia : consternation dans un silence de mort... L'OM reprend l'avantage : déferlement de bonheur, c'est la ola !

L'arbitre siffle la fin du match. L'OM a gagné, il reste en première division... C'est l'euphorie chez les supporters. Oui, avec ce public, l'OM a vraiment une âme éternelle.

Remerciements

« L'espoir changea de camp, le combat changea d'âme. »
Victor HUGO, *Les Châtiments.*

Au cours de ma période de notre galère, puis pendant ma reconstruction, j'ai été entouré par de nombreuses personnes dont certaines étaient ou sont devenues des amis.

Ils m'ont apporté gentillesse, écoute, conseils, encouragements et soutien. Grâce à eux, j'ai repris espoir, j'ai pu me battre pour reconstruire ma vie, lui donner une nouvelle couleur, retrouver ma volonté et mon énergie.

Qu'ils en soient tous remerciés :

Alain, Albert, André, Antoine, Annabelle, Anne, Anne-Marie, Augusta, Bernard, Berti, Bertrand, Brahim, Bruno, Caline, Chantal, Claude, Chris, Chrisbelle, Christian, Christiane, Christine, Christophe, Corinne, Daniel, Denise, Didier, Edouard, Emile, Eric, François, Françoise, Frédéric, Geneviève, Gérald, Gérard, Gilles, Greg, Guy, Henri, Hervé, Isabelle, Jacky, Jacques, Jean, Jean-Baptiste, Jean-Claude, Jean-François, Jean-Jacques, Jean-Louis, Jean-Pierre, Jean-Marc, Jean-Marie, Jean-Michel, Jean-Robert, Jérôme, Jessie, Jessy, Joël, Kamel, Korat, Laurent, Lotfi, Louis, Lucien, Marc, Marcel, Marcelle, Marie, Mimi, Michel, Muriel, Nadine, Noëlle, Odette, Olivier, Pascal, Pascale, Patrice, Patricia, Patrick, Paul, Pierre, Philippe, René, Richard, Rita, Rolland, Robert, Sauveur, Serge, Sophie Stoïca, Thierry, Vincent, Yves, Wim, Xavier.

Table

Cet ouvrage a été composé par
Nord Compo (Villeneuve-d'Ascq)
et imprimé sur presse Cameron
par **Bussière Camedan Imprimeries**
à Saint-Amand-Montrond (Cher)
pour le compte des Éditions Plon.

Achevé d'imprimer en juillet 2001.

Imprimé en France
N° d'édition : 13372. N° d'impression : 013238/1.
Dépôt légal : juin 2001.